お金・人脈・夢……
あなたが思ってもいない、
でも、真に望む「未来」に
たどりつけるのです。

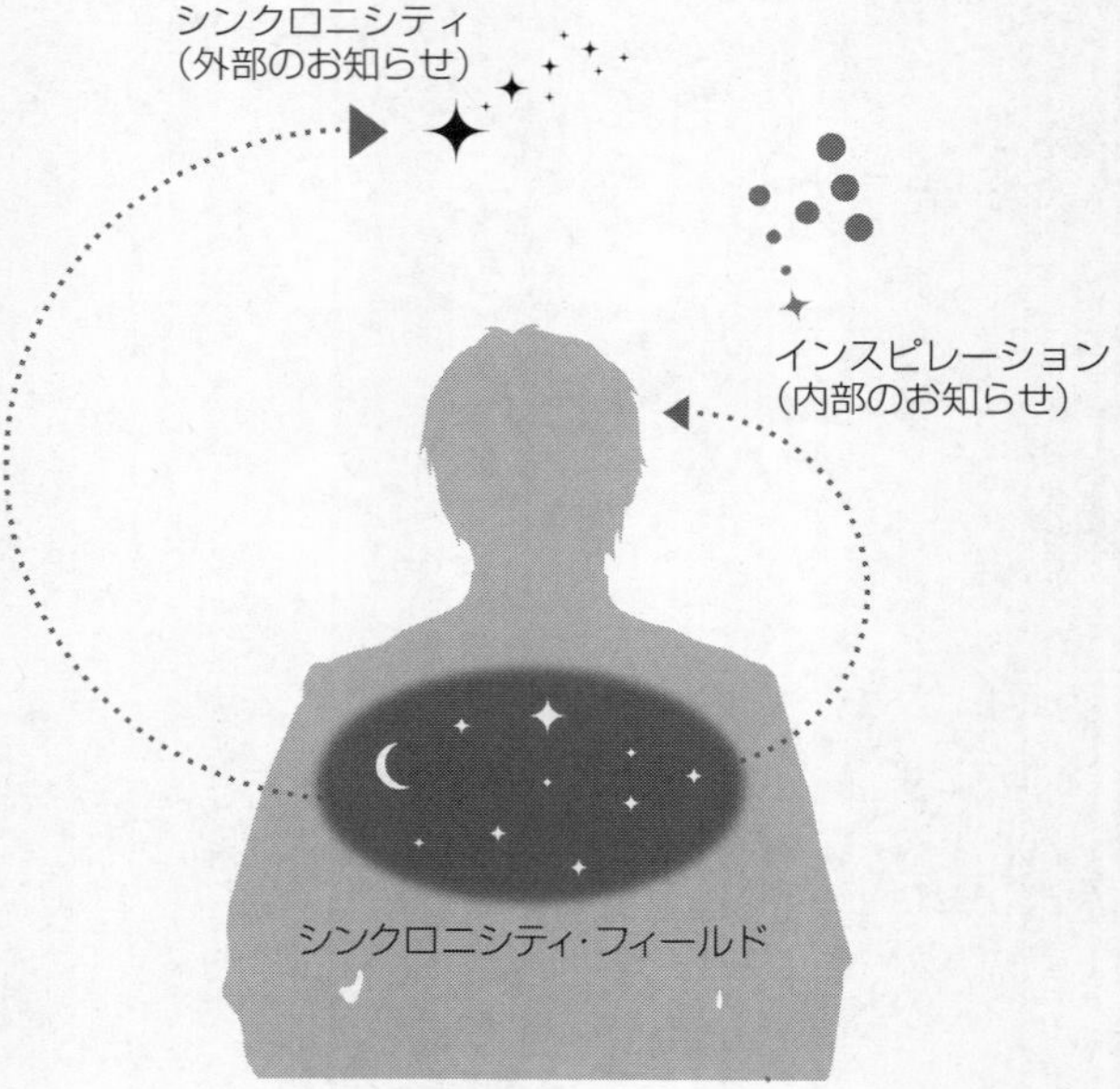

僕たちの奥深くにある

「シンクロニシティ・フィールド」から

インスピレーションを受けて行動しはじめると

つぎつぎに、“あり得ない”でも、

「真に望む未来」に進んでいける……これが

シンクロニシティ・マネジメントだ！

これから、この本で学べる
シンクロニシティ・マネジメントのSTEP

STEP1

体の感覚を目覚めさせて、
自分とつながる

↓

STEP2

心の感覚を目覚めさせて、
周りとつながる

↓

STEP3

魂の感覚を目覚めさせて、
流れとつながる

↓

シンクロニシティを
「望む未来」に
生かせるようになる！

プロローグ PROLOGUE

あのクリエーターも、あの経営者も、あのプロデューサーもやっていた「成功の秘訣《ひけつ》」

◎偶然は、マネジメントできる！

この本を手に取ってくださった、あなた。

たくさんの本の中から、この1冊を選んでくださり、ありがとうございます。

あなたはいま、シンクロニシティの波をキャッチしました。

この本を選んだのは、「たまたま」であり、「偶然」だと思うかもしれません。

でも、単なる偶然ではありません。シンクロニシティです。

シンクロニシティは、「意味のある偶然の一致」という意味です。

そして、**人生を大きく転換させる出来事や、あり得ない奇跡をもたらしてくれます。**

これから起きるシンクロニシティ（以下シンクロ）の波に乗れば、あなたは「偶然」から望む未来を作っていけます。そして、いままで予想もしなかった人生を生き、想像もつかなかった夢を実現させることができます。

その方法こそ、この本でお伝えする**「シンクロニシティ・マネジメント」**です。

この本は、そのシンクロを上手にマネジメントして、あなたが**想像もしなかった新しい未来を生きるための本**です。

たぶん、あなたはこう思うでしょう。

「でも、シンクロって、そもそもマネジメントできるものなの⁉」

はい、できます！　僕たちはみな、**シンクロをキャッチして望む未来を実現できる力をもって、生まれてきている**のです。

じつは、僕たちの誰もが知っているクリエーターや経営者たちも、「偶然」から、大きな成果を挙げています。

◎お台場ガンダム、AKB、J．フロント……偶然がもたらした大成功

２００９年、東京のお台場に実物大のガンダムが出現して話題を呼びました。動員は４１５万人。目標動員数の3倍近くの大ヒットになったそうです。

このガンダムは、当時のバンダイ代表取締役社長の上野和典《かずのり》氏が「偶然」ひらめいた企画でした。上野氏は語ります。

「予想を超えたヒットイベントでした。成功した理由を後付けで解説することはでき

ます。しかし、それを事前に説明することはできません。というのも、**『お台場ガンダム』は直感でひらめいた企画だったからです。**（中略）本当は企画趣旨をロジカルに説明することすら難しかったのです」

あのアイドルグループＡＫＢ48も、プロデューサーの秋元康《やすし》氏が、「偶然」思いついて誕生しました。秋元氏はこう言います。

「ＡＫＢ48については、『時代を先読みしたんですね』などと言われる。**そんなことはまったく予想できなかった。**ヒットというものを相手にずっと仕事をしてきたが、視聴率20％も１００万枚のＣＤの売り上げも自分では目に見えない。（中略）もしあの時、**専門家を呼んでマーケティングをして、その分析に従っていたら絶対にＡＫＢ48の成功はなかった**」

経済界や政界にも、「偶然」によって大きな業績を挙げたり、成功したりしている方がたくさんいらっしゃいます。

日経新聞で連載されている著名人の半生記「私の履歴書」を読んでいただくと、記事中に、**「たまたま」や「偶然」という言葉が頻出している**ことがわかるはずです。

「大丸」や「松坂屋」を系列会社にもつ、J．フロントリテイリング相談役の奥田務《つとむ》氏の例を見てみましょう。

奥田氏は、普段飛行機で東京－大阪間を行き来していましたが、ある日「たまたま」新幹線で新大阪へ向かうことになりました。**指定席の隣に「偶然」座っていたのが、のちに統合することになる、松坂屋ホールディングスの会長でした。**奥田氏は「後になって思えばこのたまたまがなかったらJフロントは実現できなかったかもしれない」と話しています。（『日本経済新聞』2015.12.29「私の履歴書」より）

これらの著名人に共通するところは、何だと思いますか？

それは、**偶然（を装ったシンクロ）を、「偶然」で片づけなかったところです。**

彼らは、自分の人生にたまたまやってきたインスピレーションや、偶然起きた出来事を、けっして無視しませんでした。

出会いやひらめきをチャンスに変え、現実で形にしていきました。

◎目標設定では、「想定」を超えられない

「でも、それができるのは、才能をもった人や幸運な人だけでしょ。シンクロなんて、特別な人にしか起きないよ」

「そんな不確実なものに頼って、人生がよくなれば苦労はないよ」

もしかして、いまあなたはそう思っていませんか？

じつは、僕自身も20代のころはずっとそう思っていました。

ガチガチの「目標設定型人間」だった僕は、フワフワした夢を追いかけたり、目に見えないものに頼ったりすることを否定的にとらえていました。自分の意志と行動力

だけで人生は切り拓《ひら》けると考えていたのです。

決めた目標に向かって自分をコントロールして、何がなんでも行動しつづけて、強い意志力と情熱で願いをかなえる。僕はそんな世界観の中に生きていました。

そのやり方は、ある程度はうまくいきました。あとでくわしくお話ししますが、システムエンジニアとして働いていたころは、同期の中でも実績を出すスピードが早く、お客様からも上司からも評価をいただいていました。

仕事だけでは飽き足らず、絵画やデザイン、心理学や成功哲学、投資など、自分が設定した人生の目標を達成するために、1年365日24時間、寝る間を惜しんで勉強していました。

しかしあるとき、**この生き方に限界がきました。**

30歳を目前にしてアトピー性皮膚炎が悪化し、メールも読めないほど顔が赤く腫れ上がり、精神的にもぼろぼろになって、退職することになったのです。典型的な燃えつき症候群でした。

そしてそのころから、**人生には目に見えない流れのようなものがある**ことがわかってきました。

その流れを読み取り、柔軟に生きる方向へシフトしていったところ、シンクロによって、コーチやセミナー講師、ライブ配信者、コミュニティ運営など、まったく思ってもみなかった幅の広い仕事をすることになったのです。

それから僕は、**20年以上にわたって研究してきた、認知心理学、脳科学、コミュニケーション、セラピー、コーチングなどを統合して、シンクロを使って人生をマネジメントするメソッドを体系化しました。**

それが、この本でお伝えするシンクロニシティ・マネジメント（以下シンクロ・マネジメント）です。

◎シンクロで一変！　仕事・お金・人間関係……奇跡的に好転した真実の物語

じつは、僕がシンクロ・マネジメントを体系化しようと思ったきっかけは、僕の受講生やクライアントたちでした。

これまで、**14000名以上の方たちにセッションやセミナーを重ねてきました**が、インスピレーションを受け取ってシンクロに気づけるようになると、物事がどんどんうまく運ぶようになった方が続出したのです。

それだけではありません。**心の問題もクリアになり、日々が充実し、それまでとはまったく違った人生へと変わっていった**のです。

受講生やクライアントによるシンクロ・マネジメントのくわしい体験談はこの本の中でご紹介していきますが、一部ここでお伝えしましょう。

▼**1億円以上の研究開発プロジェクトが採択され、また京都では優秀技術者として表彰を受けました。**いま、周りを見渡すと、本当に素晴らしい人に囲まれていることがわかります。この感覚と、内側からあふれてくるエネルギーとインスピレーション、そして周りの人や出会った人とのシンクロ……。現実を変えていく力がいまここにあると実感しています。
（S・Tさん／研究職／34歳男性）

▼夫婦関係が改善する、仕事が早くなる、お金に対する不安がなくなるなどの変化が起きました。また、**希望していた条件の転職先がスムーズに見つかり、収入が増えて、金額にこだわらずにお金を使えるようになりました。**以前は、引きこもりがちでしたが、人と会うのが億劫《おっくう》でなくなり、人づきあいが以前より増えました。さらに、新しいことや興味をもったことに、気軽に挑戦するようになりました。（H・Fさん／会社員／49歳女性）

▼もともと直感で動くタイプの写真家でしたが、中には「これは、インスピレーションではなく、ただの気まぐれや思いつきだ」と感じて放り投げてしまっていたひらめきもありました。でも、じつはそれがダイヤモンドの原石のようなギフトやアイデアだと受け取れるようになりました。それで、**いままで後まわしにしていた、夢や理想にかなり速い速度で手に届くようになった**気がします。また、**「この仕事を10年後の目標にしてがんばろう」と思った矢先に、その仕事のオファーをいただいた**こともあります。（M・Mさん／写真家／40歳男性）

▼PTAの書記に立候補したのですが、表に出る仕事も面白そうだなと思っていたところ、偶然、人前で話す機会の多い副会長になるよう依頼され、快く引き受けました。その後も、子ども会会長のお話をいただき、そちらも快諾。**「表にも出てみたい」という気持ちがわいたとたん、その場が与えられ、「シンクロってあるんだ！」と思いました。**その他、無理したりがまんしたりしていた人間関係がほとんどなくなり、リラックスして

毎日を楽しく過ごせるようになりました。（S・Oさん／主婦／37歳女性）

◎日常のひらめきが「未来」への扉をひらく

受講生やクライアントはみな、口をそろえて、こう言います。

「何が起きても、その出来事を信頼できるようになった」

「本当にやりたかったことをやって、生きていけるようになった」

シンクロをキャッチして、その波に乗れるようになると、**「努力」も「がまん」も人生から消えていきます。** 運命に後押ししてもらいながら、望む人生を生きられるようになります。僕たちは、最小限のことを楽しんでやるだけです。

あとはシンクロにまかせていれば、**勝手に人生が整い、望む通りに、いやそれ以上**

に、運命が展開していきます。

その鍵となるのが、インスピレーション力です。**あなたに起きるシンクロは、まずインスピレーションという形でやってきます。**

インスピレーションは、いわば未来への扉を開ける鍵です。

そして、その鍵は、あなた自身がもっています。

特殊能力なんてこれっぽっちもいりません。新たな能力を身につける必要もありません。

「自分にはインスピレーション力があったのだ」と、思い出すだけ。

それすらも、けっしてハードルの高いことではありません。もともと、あなたにあたりまえのようにわいている感覚なのですから。

たとえば、「あ、この人に連絡しよう」「この映画を観《み》てみよう」「このお店に行ってみよう」というように、あなたは普段から、ひらめきや直感を受け取っていませんか？　それこそが、シンクロ・マネジメントへとつながるインスピレーションです。

でもいままで僕たちは、せっかく届いている「声」をずっと無視しつづけてきました。だから、**これからその「声」に少しだけ意識を向けていけば、インスピレーション力はどんどん磨かれていきます。**

僕は、自分を普通だと思って、普通に生活している人に、この本を読んでほしいと思っています。

そんな人こそが、とても強力な「インスピレーション力」をもっています。シンクロをキャッチする感度のいいセンサーをもっています。

そのことに気づいたら、「自分ってすごい！」と、きっと感動しますよ。

◎タイム・マネジメントをやめて、シンクロ・マネジメントをしよう！

もしあなたが、「いま、なんとなく行き詰まっているな」「毎日がなんだか滞っているな」と感じていたとしても、それは、あなた自身のせいではありません。

インスピレーションという「声」をキャッチできていないせいです。それくらい、日々あわただしさにさらされつづけているのです。

現代に生きる僕たちは常に効率を求めて、生産性を上げようとしています。時間をきちんと管理して、目標を達成しようとしています。それが正しいと教えられてきたからです。

でも、**時間をマネジメントすることに気を取られると、目の前で「いま」起きているシンクロを見落とします。**

どうすればいいのかは、これからこの本でしっかりお話しします。

まず、1章でシンクロが起こるしくみをお話ししていきます。

2章から4章では、インスピレーションやシンクロを活用するための心の整え方や環境作り、体作りを学びます。

そして5章で、受け取ったインスピレーションを具体的な行動に落とし込みシンクロへつなげて波に乗る方法を身につけていきます。

シンクロをマネジメントできたら、自分でも気がつかなかった夢に気づき、夢の現実化のスピードが速まるようになります。

引き寄せようとした未来より、すごい未来がやってきます！

さらに、その過程であなたは**「未知なる本当の自分」にも目覚める**ことでしょう。

日々起きているシンクロを「単なる偶然」で片づけるのではなく、あなたにつぎつぎわいてくるインスピレーションを「気のせい」にしてしまうのではなく、意識して人生に生かしていく。それが、シンクロ・マネジメントなのです。

◎人生を劇的に変えるのはいつも偶然の出来事

いま、先行き不透明な時代といわれています。

でも、シンクロ・マネジメントができれば、何が起きても安心です。

なぜかというと、**シンクロは、いつどんなときでも、あるべき未来から流れてきているから**です。

この感覚をつかめると、はるかにラクにスムーズに人生を進めることができます。目に見えない流れを信頼して自分をゆだねられるので、思い切った行動を取ることもできるようになります。

また、よく誤解を受けますが、**シンクロは「引き寄せる」ものではありません。**

毎日の生活の中で、起きています。**日常に満ちている「奇跡」に気づくセンスを育んで、キャッチするもの**です。

奇跡は、「いつかどこか」で「なりたい自分」になったときに起きるのではありません。「いまここ」の「そのままの自分」のありふれた日常で起きているのです。

いま、あなたはこの本を手に取り、ここまで読み進めてくださいました。これこそがシンクロニシティです。

この先がどんな未来につながっていくのか。インスピレーションがキャッチした、シンクロが導く未来をワクワクしながら読み進めてください！

人生を劇的に変えるのは、いつも「偶然」の出来事です。

インスピレーションという最高の味方が、僕たちの未来を応援しています。シンクロという完全なしくみが、僕たちを未知の夢へと連れていってくれます。

とんでもなく楽しく、とびきりエキサイティングな未来があなたを待っています。

その未来は、あなたが心の底でずっと望んでいた未来なのです。

願いがかなうシンクロニシティ　目次

プロローグ　あのクリエーターも、あの経営者も、あのプロデューサーもやっていた「成功の秘訣」

◎偶然は、マネジメントできる！……8
◎お台場ガンダム、AKB、J．フロント……偶然がもたらした大成功……10
◎目標設定では、「想定」を超えられない……13
◎シンクロで一変！　仕事・お金・人間関係……奇跡的に好転した真実の物語……16
◎日常のひらめきが「未来」への扉をひらく……19
◎タイム・マネジメントをやめて、シンクロ・マネジメントをしよう！……21
◎人生を劇的に変えるのはいつも偶然の出来事……24

1章　ひらめきは「シンクロ・フィールド」からやってくる！

◎シンクロは日常に転がっている……34

◉探すな！　シンクロは気づくんだ……37
◉人生が開花する「きたきた！」の瞬間……39
◉天？　宇宙？　インスピレーションがやってくる場所は「ここ」だった！……42
◉意識の奥から「未来予知」を受け取る……46
◉「奇跡」のメカニズム、シンクロのしくみはこうなっている！……48
◉では、「あの天才たち」はどんなふうにつながっているのか？……54
◉目標を捨てると、運命が動き出す……58
◉奇跡の連続に気づいていますか？……62
◉思考の罠にハマって、間違った努力をしていませんか？……64
◉「不確定な未来」を計画に入れられるのか……66
◉未来のために、「いま」を犠牲にしていませんか？……68
◉まず、日常の「小さなシンクロ」から始めよう……71

2章 体を目覚めさせると「自分」が変わる

シンクロ・マネジメントSTEP1

◉体・心・魂をシンクロさせる3ステップ……76

⦿インスピレーションに反応できる体の作り方……80
⦿感覚が「本物の願い」を教えてくれる……83
⦿不快を味わうことで快に転じる現象が起こる！……85
⦿罪悪感は本当にしたいことを教えてくれるサイン……88
⦿罪悪感もタブーもルールも、自作自演!?……90
⦿真の原因は両親への「愛」……93
⦿怒りを解き放つには「ゆるめる、動かす、振動させる」……95
⦿食・睡眠・セックスの三大欲求を満たさないと不感症になる……99
⦿自分と「取引」することをやめなさい……101
⦿すべての目的は「自分の快楽にある」……103
⦿自分で高めなきゃいけないモチベーションなんて役に立たない！……107
⦿「もうここでは力を発揮できないよ」のお知らせ……109
⦿シンクロが巻き起こる劇的な方法……113
⦿潜在意識に空白を作れば、シンクロが見えてくる……117
⦿潜在意識のクリーニング「ぽいぽいワーク」を実践してみよう……120

3章 「人とお金」の出会いが変わる心の目覚めさせ方

シンクロ・マネジメントSTEP2

⊙運命の出会いに反応できる心の作り方……126
⊙自分の「心の穴」を埋める人とつながっていませんか？……129
⊙「なぜこんな〝あたりまえ〟のことができないの？」に潜むワナ……130
⊙他人の価値観に合わせた仮面を脱ぐと運命の相手と出会う……132
⊙自分だけでなく、相手だけでなく、「みんなが幸せになる独自の枠組」の作り方……136
⊙「思考」はむしろインスピレーションの現実化の確率を上げてくれる……139
⊙インスピレーションを素直に実行できないとき、何が起きているのか？……143
⊙心に設定された未来ビジョンを変更するコツ……147
⊙「欲しい」という感覚こそが幸せにつながるサイン……149
⊙「この地球で一緒に遊ぼう！」と決めてきた運命の人たちがいる……152
⊙「こいつだけは許せない！」は、強烈なブレイクスルーをもたらす運命の相手……154
⊙目の前の相手には「完全な人たち」が用意されている……158
⊙心が目覚めると、お金の見え方も変わる……161
⊙「必要とされているけれど、まだないもの」にお金は流れてくる……164

◉使うほどに豊かになれる「お金の使い方」……168
◉「動かせるお金」の範囲は、どこまでも大きくすることができる……172

4章 自分の「ミッション」を生きるための魂の目覚め

シンクロ・マネジメントSTEP3

◉さまざまな分野で進む魂の研究……178
◉魂の意識が目覚めると、人生が加速しうまくいく……180
◉世界のすべては「ひとつの意識」……184
◉エゴがあるから愛し合える……187
◉エゴと魂をシンクロさせると使命を表現できる……189
◉「使命」とは、そもそも何なのか？……191
◉使命は「ただ楽しむだけ」の人もいる……193
◉僕たちは24時間「使命」を生きている……195
◉くつろぎの中の「いまここ」が魂につながる……197
◉僕たちが使命に生きるとき、世界は作られる……200
◉波がきていることを信頼して、目の前のことに打ち込もう……202

◉使命の特徴7つのまとめ……205
◉過去の点と点が未来で結びつくとき……208
◉違和感を大事にすれば、本来の人生に軌道修正される……210

5章 さあ、シンクロを乗りこなし、未知の自分に出会おう

◉想定外の奇跡は、あなたにも起こる!……214
◉インスピレーションもシンクロも、「未来」からやってくる……218
◉すぐに「こんな」うれしい展開になることもある……220
◉インスピレーションが先走ってキャパを超えそうな場合……222
◉シンクロの波に乗りつづけるには?……225
◉「あ、そうなんだ」と受けとめる……229
◉インスピレーションで行動する経験値を積む……230
◉気軽にいろんな人とつながろう……233
◉「原因と結果」の関係を考えるのをやめる……235
◉インスピレーションに従ってもうまくいかなかった4つの理由……238

◎観察が、「偶然」と「偶然」をつなげる……242
◎自分と世界を信じる「待つ力」を育てよう……246
◎動けないときは、自分の「制限」を見てみる……250
◎運命の仲間が待っていると知る……252
◎どんなインスピレーションも、実践してみなければわからない……256
◎さあ、古い自分の枠を超えていこう！……259
エピローグ
シンクロが加速すれば、僕たちも世界も輝き出す
◎自分自身を生きているとき、「何か」が生まれる……264
文庫版に寄せて——時代を超えるシンクロの魔法……268

編集協力：江藤ちふみ
校　正：株式会社ぷれす
編　集：金子尚美（サンマーク出版）
佐藤理恵（サンマーク出版）

1章

ひらめきは「シンクロ・フィールド」からやってくる！

シンクロは日常に転がっている

「あるきっかけで人生が大きく展開していった！」という体験をしたことはありますか？

僕はあります。

絵を習おうと〝偶然〟入った画材店で、その後の恩師となる人を紹介してもらったり、〝直感〟で参加したセミナーで、人生を変えるビジネスパートナーと出会ったことなど、例をあげたらきりがありません。

仕事、趣味、人間関係……すべて「偶然」「なんとなく」がきっかけでした。

あなたも、よく思い出してみると**「人生がここから大きく変わった」ということほど、「偶然」というシンクロがきっかけだった**と気づくこともあるでしょう。

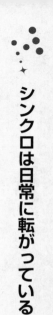

でも、奇跡的な出来事やドラマチックな出来事だけがシンクロではありません。

シンクロは、僕たちの日常の中にたくさん落ちています。

今振り返ると僕が初めてシンクロと〝シンクロ〟したのは、ちょっと笑えるのですが、「ラーメン」が最初でした。

ある本でシンクロについて書かれていて「へえ〜、そんな面白いものがあるんだ」と思いながら、ランチを食べに出かけました。

「今日はラーメンにしようかな。それとも、カレーかな」と考えながら歩いていると、正面からカップルが話しながら歩いてきて、すれ違いざまに、

「ラーメン!」


と言って通り過ぎたのです(笑)。

もちろん、会話の流れでその単語が出てきたのでしょう。

でも、あまりの偶然!

シンクロのことを本で読んだ直後だったので、「わ、やっぱりシンクロってあるん

だ！」と驚いた出来事でした（もちろん、その後ラーメンを食べました）。こんな風にシンクロは日常でささいな出来事として転がっているのです。

先日、受講生のある方が、こんなことをおっしゃっていました。

「私は以前、シンクロって魔法みたいなもので、滅多に起こらないし、特別な能力のある人やラッキーな人にしか起こらないと思っていました」

しかしいま、その方は「シンクロが起きるなんて、ごく普通のこと」とおっしゃいます。

そして、**シンクロをキャッチしてご自身の人生や仕事でそれまでとは全く違う展開を迎えています。**

同じように、**まずは「シンクロという現象がある」と知ったこと**がきっかけで、そこからシンクロをキャッチできるようになったとおっしゃる方はたくさんいます。

「最初は特別なものだと思ったけれど、気をつけて見てみるとシンクロは普通に起きていて、意識することでさらにたくさん起きるようになった」ということです。

探すな！　シンクロは気づくんだ

僕たちが目にしていること、体験していることは、本来すべてシンクロです。

だから、シンクロを引き寄せようなどと思わないでください。いつも心ここにあらずで、キョロキョロと「シンクロ探し」をするのもおすすめしません。

自分自身がどんな状態でも、いつもシンクロは起きつづけています。だから、安心していいのです。

落ち着いて観察できるようになれば、必ず日常にあるシンクロを拾えるようになります。

「このところ、シンクロが増えたんです！」

「最近、シンクロが起きまくってます！」

と言う人がいますよね。

これって、正しくは「シンクロに気づけるようになった」のです。

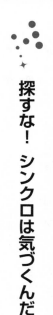

意識することでシンクロをキャッチするセンサーは、どんどん育っていきます。

つまり、「受け取る力」をつけることが、シンクロの頻度を上げるのです。

そして、**受け取るための鍵となるのが「インスピレーション力」**です。

インスピレーションとは、あなたの「内なる声」。内側からくる「お知らせ」です。

「あ、いまこの人と会おう」「ここに行きたい」「これ、やってみよう」「何か違う気がする」……。そんな感覚です。

その感覚を無視せずそれに従うと、日常にシンクロが増えていきます。正確にいえば、シンクロに気づく機会が増えていきます。

たとえば、「あそこに行こうかな」「この人に連絡しようかな」「この映画を観《み》ようかな」と、ふとひらめくことが誰にでもありますよね。

あるいは、旅行や何かの集まりに誘われて、「なんとなく行きたくない」「あまり心惹《ひ》かれない」と思うのもインスピレーションです。

このように、**理由はないのになんとなく「こうするといい」**とか、逆に**「これはやらないほうがいい」という予感は、全部インスピレーションです。**

頭では、「やっぱり行っておいたほうがいいかも」とか「自分のためになるかもしれない」と考えるかもしれません。でも、**心のどこかで引っかかりや違和感を覚えたら、それが正しい**ことのほうが多いのです。

それを無視して、「断ると角が立つから」「ここで無理して行ったほうが、あとで得だから」などと考えると、インスピレーションをキャッチするセンサーがだんだん働かなくなっていきます。

人生が開花する「きたきた！」の瞬間

インスピレーションに従って動くと、**「あ、きたきた！　この感覚がきているってことは、この先には何かあるな」**という感度が高まっていきます。

ここで、「きたきた！」の感覚に従って、予想外のうれしい出来事をつかんだ方の例をご紹介しましょう。

主婦のTさんは、そのとき、庭の草取りをする予定でした。でも、旦那さんの一言でなぜか買い物に行くことになり、「誕生月だし、何か買おうかな」と思って、車の助手席に乗り込みました。

すると、**前を走っていたトラックに「No.5」と書いてありました。**「No.5といえば、シャネル！」と有名な香水を思い出したそうです。

そして、急きょ「シャネル」へ行き、ドキドキしながら自分へのプレゼントとして、バッグをひとつ買ったそうです。本当は、Tさんは新車がずっと欲しかったのですが、高いし、まだまだ買うときではないと思っていました。でも、シンクロに従って動いたので、「シャネルのバッグは、車にステップアップするための布石かも!?」と、根拠なく感じていたそうです。

すると翌月、車が謎の故障。結局、**本当に欲しかった新車が手に入る流れになった**そうです。

また、こんな例もあります。

Kさんは、あるときインスピレーションで、**「スポットライトの下にいるブルー系の服を着ている自分、オレンジと黄色の花束を持っている自分」**を感じたのですが、まったく心当たりがありませんでした。

その数日後、10年ほど会っていないある方に会いたいとふと思ったところ、お友達がその方とちょうど会うとのこと。それで、Kさんも一緒に行ったそうです。すると、シャンソン教室の話になりました。

「やってみない？」と誘われたので、「あっ、やってみたいかも！」と軽いノリで習いはじめることに。

すると、**その半年後に発表会に出ることになり、あれよあれよという間に舞台デビューがかなってしまいました。**

ちなみに、**ドレスはブルー。**Kさんが選んだわけでなく、シャンソン教室の先輩が見立ててくれたドレスでした。また、シャンソン教室でKさんが誕生日にもらったのが、**オレンジなどのビタミンカラーの薔薇《ばら》の花束でした。**

じつは、Kさんの子どものころの夢は歌手になること。その夢はずっと心にもちつづけていたそうです。

「今回の出来事は、自分の力ではなくシンクロでかなったとしか思えません」とおっしゃっていました。Kさんはいまでは、アーティストとしてご活躍されています。

こんなふうに気軽に動いていると、**「気のせいでしょ」「単なる偶然でしょ」と見逃していたことを、次第に拾えるようになっていきます。**

天？　宇宙？　インスピレーションがやってくる場所は「ここ」だった！

では、このようなインスピレーションはどこからやってくると思いますか？

天？　宇宙⁉　幸運を呼ぶ神様⁉

いやもっと近く、どんなものよりも僕たちに近い場所……。**インスピレーションは、「自分自身」、正確にいえば「自分自身の奥」からやってきます。**

シンクロの概念を初めて提唱したスイスの心理学者カール・グスタフ・ユングは、それを「集合的無意識」といっています。すべての人間の集合的無意識はつながっていて、だからこそ「偶然の一致」や「虫の知らせ」が起こると提唱しました。

僕は、このあらゆる意識の奥でつながる場を「シンクロニシティ・フィールド」という名前で呼んでいます。肝心なのは、シンクロニシティ・フィールド（以下シンクロ・フィールド）につながっているのは、自分だけではないということです。

すべての人がここにつながっています。

当然、それぞれの人にさまざまなインスピレーションがやってきています。

でも、その源はつながっている。

だから、**「偶然」のように、同じことを同時にひらめいたり、連絡を取りたかった人からメールがきたりする**という現象が起こるのです。

シンクロ・フィールドと個人個人の意識（個別意識）との関係を表すと、45ページの図のようになります。

僕たちの個別意識は、図のようにシンクロ・フィールド（集合的無意識）とつながっています。

そして、インスピレーションは矢印のようにシンクロ・フィールドから個別意識へとやってくるのです。これは、一般的には潜在意識と呼ばれている意識領域です。

生理学者ディートリヒ・トリンカー教授によると、潜在意識では僕たちが普段意識でとらえている100万倍もの情報を処理しているそうです。それって、すごいことですよね。

靴を履く、電車に乗る、自転車を運転するといった日常のことを考えずに自動的に行えるのは、この潜在意識があるからです。そして、**自分の中で起きている100万分の1しか自覚できないからこそ、影響が大きい**のです。

インスピレーションを上手にキャッチして行動することで、この広大な潜在意識に

外部のお知らせ：シンクロ
内部のお知らせ：インスピレーション

アプローチできるようになります。

それは、インスピレーションこそが、潜在意識の奥にあるシンクロ・フィールドからやってくるからです。

意識の奥から「未来予知」を受け取る

シンクロ・フィールドは、他人の潜在意識とつながっているだけでなく、そこには**人類全体、宇宙全体、過去未来ともつながり、すべての情報があります。**

そのため、ここにつながると、自分の魂に刻まれている「自分が設定してきた望む未来」につながる情報を、シンクロ・フィールドからインスピレーションとして受け取ることができるのです。

「え!? 自分が設定してきた望む未来?」と思うかもしれませんね。

それは、僕たちが生まれる前にこの世界で体験しようと決めてきた未来のことです。僕たち全員が、**潜在意識の奥にこの人生で何をどう体験していくか、その「設計図」をもって生まれてきています。**

シンクロは、人生の中でその「未来設定」が実現するように起きているのです。

この先の**「すでに設定されている未来」に向かって、「いま」インスピレーションがやってきて、シンクロが起き、それが実現するように現実が動いていく**のです。

つまりインスピレーションは、僕たちを導いてくれるガイド的な役割を果たしているのです。

だから、**ときおり突拍子もないインスピレーションがやってくるのは当然**なのです。

また、理屈で考えれば、絶対にGOを出せないインスピレーションがわいてくるのもあたりまえなのです。

なぜなら、**そのインスピレーションは、頭や思考、一般常識やルールではなく「自分が設定してきた望む未来」からやってくる**から。

だから、インスピレーションに従うと、いまのあなたの予想を超えた出会いや出来事がバンバン起きはじめます。

その出来事によって、想像の枠を超えた結果が手に入るのです。

「奇跡」のメカニズム、シンクロのしくみはこうなっている！

このシンクロ・フィールドから、僕ら一人ひとり「自分が設定してきた望む未来」につながるインスピレーションを受け行動します。

その結果、願いをかなえるためのキーマンとなる人と偶然会うことができたり、**あり得ないタイミングで人生を変える出来事が起きたりします。**

それが、ときに「奇跡」と呼ばれる出来事の正体です。

この**シンクロ・フィールドからインスピレーションを受け取り、シンクロの流れとつな**

がり奇跡としか思えないような展開を受け取ることが、シンクロ・マネジメントなのです。

シンクロ・マネジメントの例を出しましょう。

僕が、システムエンジニアを辞め、ある会社に勤めていたときのことです。そろそろ転職しようと人材紹介会社に登録していました。しかし、当時の仕事にも心残りがあり、まだ決断できずにいたのです。

ところがあるとき、**「あ、もう辞めなきゃ」というインスピレーションがわいてきました。**「辞めるなら、いまだな」という感覚です。

上司に退職を申し出た**その翌日、なんと人材紹介会社から仕事の紹介が一気に4件も入りました（人材紹介会社に登録したことも忘れていたぐらいでした）**。

それまでは1件の紹介もなかったのに……です。その日から毎日紹介が2週間続き、最終的には20件の中から一番条件のいい仕事を選ぶことができました。

まるで突然、未来への扉が開いたかのような勢いでした。

これをシンクロ・マネジメントの視点から読み解いてみましょう。

①「設定された未来」の流れから、シンクロ・フィールドを通じて「会社を辞めるタイミングである」というインスピレーションが送られてくる

↓

②インスピレーションを受け取った僕が、その通りに行動する

↓

③シンクロ・フィールドに僕の行動したことが情報として送られる

↓

④僕の準備ができたという情報がシンクロ・フィールドを通じて、人材紹介会社の各担当者に送られる

↓

⑤シンクロ・フィールドからの情報をインスピレーションでキャッチした担当者が、人材データベースで僕の情報を見つけ、連絡をくれる

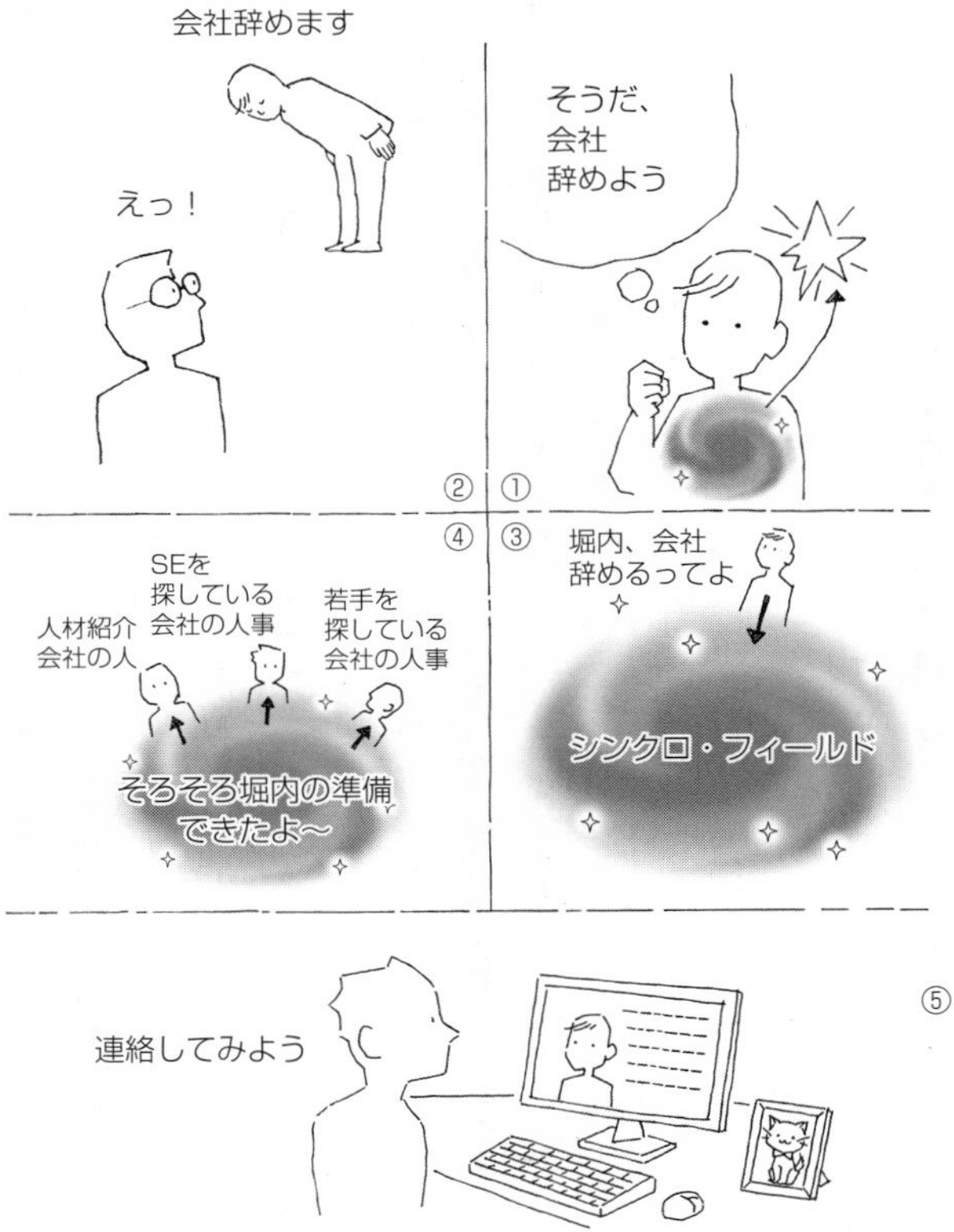
①
そうだ、会社辞めよう
②
会社辞めます
えっ！
③
堀内、会社辞めるってよ
シンクロ・フィールド
④
人材紹介会社の人
SEを探している会社の人事
若手を探している会社の人事
そろそろ堀内の準備できたよ～
⑤
連絡してみよう

さらにズームを引いて、このしくみを見てみましょう。

住んでいる場所も家族構成も、仕事も生い立ちも、価値観もバラバラな、Aさん、Bさん、Cさん、Dさんがいたとします。

当然彼らは、普段それぞれの個別意識で生活しています。

でも、**意識の大本はシンクロ・フィールドでつながっているので、ひとつ**です。


そして、そこから彼らにインスピレーションがやってきます。

だから、彼らが**各自のインスピレーションに従うと、個別に行動しているように見えても、現実では回り回って「偶然」がつながる**ということが起きます。

それが、シンクロの要因となるのです。

シンクロは「単なる偶然」ではなく、起こるべくして起こっている。

そして、それを生かすためには、インスピレーション力が鍵になるのだというわけです。


インスピレーションは、内側からきているお知らせ。

シンクロは、外側からあなたを未来へ導くお知らせ。こう思ってください。

両方を意識して見ていくと、いろんなことが読み解けるようになります。

極端なことをいってしまえば、シンクロ・フィールドのことは忘れてもらってかまいません。

ただ、どこで何をしていても、つぎのことだけを意識していてほしいのです。

「自分は、体験したいことを設定して生まれてきて、その未来からシンクロは展開してくる」と。

では、「あの天才たち」はどんなふうにつながっているのか？

ここまで見てくると、あることがわかります。

自分の外側、つまり**「人」や「出来事」を一生懸命見ても、意識の奥にあるシンクロ・フィールドからインスピレーションを受け取ることはできない**ということです。

僕たちは、つい身の回りに起こることや人の反応が気になります。

だから、いつもなんとなく周囲が気になって、「○○さんがこんな反応をしそうだから」「いま世間で流行《はや》っているから」「角が立たないから」といった理由で、自分の行動を決めたりします。

でも「外」を見ていては、インスピレーションをキャッチできません。

外側に答えはありません。インスピレーションは、自分の内側からやってくるからです。

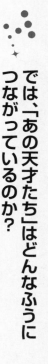

僕たちの意識について、映画監督の宮崎駿《はやお》氏は、自分の作品作りを語る際に、こんなことを言っています。

「無意識の、もっと底に行かなきゃいけないんだよ。無意識じゃないんだよ。どこにつながっているんだか、わからない底に行くんです。作品ってそうだよね。意識の下が、全部無意識だっていう考え方は間違いだよ。無意識っていうのは個人のもんだけど、もっと下に個人のものじゃないものがある」

「もののけ姫」や「千と千尋《ちひろ》の神隠し」をはじめとする宮崎監督の作品は、僕たちの心の奥深くを揺さぶります。

その理由は、**宮崎監督が集合的無意識、シンクロ・フィールドにつながり、そこからインスピレーションを得たからでしょう。**

ここで注目したいのは「底に行く」という表現です。

「底」とは、自分の意識の奥深くにある部分。シンクロ・フィールドのことです。**みんなとつながっているその部分へアクセスするには、自分の内側深くに入っていく必要があるのです。**

人間という存在の構造を見てみましょう。先ほどの図（45ページ）を拡大します。次ページの図をご覧ください。本来はこのようにつながっています。

僕たちは、「体」「心」「魂」の3つの要素から構成されています。

先ほどもお話ししましたように、僕たちには、生まれる前にこの世界で体験しようと決めてきた未来があります。

あなたの魂は、自分が何のために生まれてきたかを知っています。この世界で、じつはあなたが何をやりたがっているのかも知っています。

そのインスピレーションに従うことで、シンクロの波に乗って「いまは想定すらしていない未来」へと僕たちを運んでくれます。

では、どうすれば、成功者がやっているような「無意識の底」に行けるのでしょう？　どうすれば、シンクロ・フィールドにつながれるのでしょうか？

シンクロ・フィールド
魂のセンサー
心のセンサー
体のセンサー

どうすれば、シンクロ・フィールドからくるインスピレーションに従って、考えられないような望む未来をつかめるのでしょう？

その方法が、２章からお話しする、この僕らを構成する「体」「心」「魂」の３つの要素にどうアプローチするかになります。

その前に、シンクロ・マネジメントを阻害する間違った努力についてお話ししましょう。

「目標」を捨てると、運命が動き出す

まず、僕自身の経験からお伝えしましょう。

目標設定型人間だった20代の僕は、**仕事も全力でやりながら、自己実現スキルをとことん追求しまくり、スケジュール帳に余白はまったくありませんでした。**当時の生活を人に話すと、「マジですか⁉」「それ、ヤバいですよ！」と驚かれます。

入社時の目標は「社長になること」。それも、ただの社長ではありません。最終的に目指していたのは、ＩＴ業界に革命を起こしたビル・ゲイツ氏クラスの社長です。

同時に、ルーヴル美術館に絵を飾られるような画家になるという目標もあり、50代までの目標を細かく設定して、休日返上で絵の勉強やセミナー通いをしていました。まとまった休みが取れると、すぐパリに飛んで毎日ルーヴルに通い詰めました。

余暇という概念は一切ありません。一瞬たりとも無駄にしたくなかったので、恋人とも別れました。一時は**働きながら、6つの専門学校に通っていた**ほどです。

いつも睡眠はよくて4時間弱。エクセルで作った予定や目標を、ひとつずつクリアすることにこのうえない喜びを覚えていました。

仕事でも、新人研修ではダブルクリックから覚えるレベルだった僕が、とにかく勉強しまくった結果、同期入社の中ではトップの成績を挙げていました。同僚たちは全員、いつか僕の部下になるんだと思って見ていました。

全員を蹴落としてのし上がってやると、超男性的に生きていたのです。いま書いてみると、たしかにヤバいヤツですね（笑）。でも当時は、本気も本気です。

なぜ、そうなったか。すべては子ども時代の反動です。

子どものころの僕は、人目を気にして本音が言えない子どもでした。成績は普通でしたが、落ち着きがなく、周囲からは浮きまくっていました。

叱られないように、嫌われないようにしようとすればするほどうまくいかず、毎日がただきゅうくつでした。

しかも父親は東大卒で、銀行の幹部やホテルの社長を務めるエリート。僕とは正反対です。それも、居心地の悪さの一因でした。

滑り止めで受かった高校に入り、中堅どころの大学に進学した僕は、大学3年生のときに、1冊の本と出会います。『7つの習慣』（スティーブン・R・コヴィー著／キングベアー出版）という本です。

ずっと「このままではいけない」と思っていた僕は、この本をぼろぼろになるまで読み込みました。

自己啓発本の他にも、心理学の本、ビジネス書、脳科学関連の本などを読むようになり、**筋金入りの目標設定型人間になった**のです。


30歳を目前にして、そんな生き方に限界がきました。

プロローグでもお話しした通り、顔がアトピー性皮膚炎でパンパンにふくれ上がり、頭はボーッとして、膿《うみ》がポタポタとキーボードに落ち、実質的に仕事を続けることができなくなり、退社したのです。

システムエンジニアという仕事は過酷です。月400時間以上の労働を続けながら、プライベートでも全力を出し切っていたのだから、当然の結果でした。


でも、**そのコースから降りたとたん、面白いことが起こりはじめました。**

その2年ほど前から勉強しはじめていたコーチングや心理関係のセミナーで出会った仲間との縁で、セミナー運営やウェブデザイナーなど、**思ってもみなかった分野でどんどん仕事が広がっていった**のです。

その後、楽しみながらした仕事が評価され、いつしか僕は、コンサルタントやコーチの役目を果たすようになりました。そして、学んできたスキルを教えてほしいというオファーが増え、本格的にコーチや講師として活動するようになったのです。

奇跡の連続に気づいていますか？

いま思えば、その過程はシンクロの連続でした。セミナーで偶然となりになった人から仕事を紹介してもらったり、友人に呼び出されて行った集まりで出会った人とのご縁から、さらに新たな関係が広がったり……。

自分の意図と関係なく行動したほうが、出会いが広がって、人生がうまく展開していったのです。

それで、**僕は初めてシンクロが、僕たちの人生にもたらす恩恵**に気づくことになります。僕の人生がさらに急速に動きはじめ、活動がどんどん広がっていったのです。

かつて僕は、自分は取るに足らない、平凡でつまらない人間だと思っていました。

だから、がんばらなければならないし、何かを得なくてはならない。勝たなければならないし、見返さなければならないと信じていました。一生懸命走りつづけながらも、焦りや不安の中にいて、心がやすらぐときがありませんでした。


でもいま、振り返ればわかります。**そのころから十分に奇跡が連続し、シンクロにあふれていた**のです。

たとえば、絵を習おうと偶然入った画材屋さんで、その後の恩師となる人を紹介してもらったり、直感で参加したセミナーで人生を変える学びを経験しただけでなくパートナーとなる妻と出会ったり……。何より、大学生のときに『7つの習慣』と出会ったことも、シンクロ以外の何ものでもありませんでした。

シンクロの存在に気づいたことで、僕は生きることがラクになり、人生がダイナミックに変わっていったのです。

思考の罠にハマって、間違った努力をしていませんか？

当時の僕のように、夢をかなえようとする人の多くが、間違った努力をしてしまいます。僕たちがやってしまいがちな誤解を、ここで解いておきたいと思います。

思考が現実化するのは、事実としてよくあります。正しく思考を送り出し、行動すれば、多くの望みはかないます。成功したいという強い意志と行動力があれば、何らかの結果は出ます。

ただし、そこには落とし穴があります。

たとえば、「目指せ、年収１０００万円！」とか「ＭＢＡを取るぞ！」「起業して社長になるぞ」とがんばっている人が、あなたの周りにもいるかもしれません。

もちろん、表面的な成功を目指すことが悪いわけではありません。

でも、たとえかなったとしても、**自分が描いてきた魂の設計図からズレている場合があります。**

どういうことかというと、「過去の経験」や「知識」から頭で考えたビジョン、「人との比較」や「親からの教育」で生まれた夢を、**自分のものだと勘違いしてしまう**のです。

それはインスピレーションが教えてくれる、生まれる前に設定してきた未来と一致することは多くはありません。

思考を使って、ニセモノの願いを現実化しても、どこか虚《むな》しかったり、違和感があったりするのです。常に「何かが満たされない」という思いを抱えるのです。

さらに、思考や意志の力で成功しようとした場合、目の前で起きている予想外のシンクロを見逃してしまう可能性があります。思考で描いている未来以外は無意識のうちに否定してしまうからです。そのため、シンクロ・フィールドと切り離されてリンクしていない可能性があります。

だから、シンクロのサポートが得にくく、同時に、本来の自分が描いてきた設計図からは離れてしまうおそれがあります。

「不確定な未来」を計画に入れられるのか

目標を立ててそこへたどりつくためのプランを練り、ひとつずつ地道にやるべきことをこなして成果を挙げることができたとします。

しかし最高でも、「その目標を達成させるだけ」です。それも、その間に起きている自分の成長や世の中の流れや状況の変化など入っていない「過去の目標」です。

シンクロ・マネジメントでは、事前に必要な作業の割り出しはやりません。インスピレーションを受け取って行動しながら組み立てていきます。

「いま、この人に連絡しておこう」「時間のあるうちに資料作りを済ませておこう」

と、そのときどきでひらめいたこと、やろうと思ったことを、シンプルに実行していくだけです。

「それでは行き当たりばったりになるのでは？」「そんなに都合よく物事は進まないよ」と感じるかもしれません。

でも、これから先に起きる未来の出来事や、偶然の出会いなどはあらかじめ予想できません。実際には、現実の動きとのズレが必ず出てくるため、**細かく作業を決めてしまうとつじつまが合わなくなる**のです。

シンクロ・マネジメントでは、インスピレーションを使い、シンクロの波に乗ることで予期せぬ未来、不確定の未来へ行動を合わせていきます。

それは、インスピレーションという形で、**結果のための「原因」となるものを、シンクロという形で、結果につながる「プロセス」を受け取っている**ということです。

ある意味、僕たち自身より僕たちのことを知っているシンクロ・フィールドが、インスピレーションを送ってくれているのですから心強いですよね。

そこに、「ここに向かうには、このルートを通らなければいけない」という人間の決めつけは必要ありません。まったくの自由です。

このように、インスピレーションに従っていると、予想外のことが起こります。**その出来事が最終的には、想像だにしなかった結果になり、結局は人生の成功につながる**のです。それは、とてもエキサイティングなプロセスです。

また、それが結局は、物質的にも豊かになることにつながったりもするのです。

未来のために、「いま」を犠牲にしていませんか?

将来「幸せになりたい」「豊かになりたい」というビジョンを設定すると、僕たちは無意識のうちにこう考えます。

「未来において幸せ（豊か・成功している）ということは、いまはそうではない状態だ。つまり、いまは幸せでも豊かでもなく、成功もしていない」と。

こんなビジョンを設定すると、とても残念な事態になります。

ビジョンや目標を追いかければ追いかけるほど、ずっと「まだ、〇〇していない」世界に住みつづけることになってしまうのです。

1か月後も、半年後も、1年後も、まだ、幸せ（豊か）になっていない。もちろん、10年後も同じ。

ずっと「〇〇になりたい」と願いつづけ、その間、自分自身はビジョンを達成するために、努力しつづける。これでは、潜在意識は混乱してしまうでしょう。

このような目標設定は、未来のために「いま」を犠牲にするというクセをつけてしまいます。

「有名になったら」「パートナーができたら」「豊かになったら」……いまの不満や欠乏感はなくなる。そう考えて、じつは一番大事な「いまの自分」を超乱暴に扱う。少しも大事にしない。

そんな生き方を一日したら、「いま」を犠牲にした一日になります。その一日を1年、2年と積み重ねたら……。想像するだけで、ゾッとしますね。

その間、仮に何かのビジョンや夢をかなえたとしても、「いま」は常に犠牲にされつづけます。

僕たちは「いま」しか体験できません。だから、こんな生き方を変えない限り、「いまを犠牲にしつづけた一生」になりかねないのです。

未来の幸せのために、「いまの自分」をがまんさせたり、雑に扱ったりしているから、心と体が悲鳴を上げている状態です。

どうすればいいかというと、簡単です。**「いま」幸せになればいい**のです。「いま」豊かになって、成功してしまえばいいのです。

その方法は、意外に簡単です。しかもそれが、インスピレーション力を磨く方法でもあります。このことについては、2章でくわしくお話ししましょう。

まず、日常の「小さなシンクロ」から始めよう

この章の最後に、インスピレーションとの基本的なつきあい方を簡単にお話ししておきましょう。

たとえば僕は、**本屋さんでふと目に飛び込んできた本や、何度か立てつづけに書名や著者名を聞いた本は、必ず読む**ようにしています。

そういう本はだいたい、その後の仕事や自分の興味があることのヒントになるからです。「ああ、それでこの本を読む必要があったんだ」と腑《ふ》に落ちることが多いのです。

また、出かける前にパッと目についた本を、打ち合わせやセミナーに、持参することもよくあります。すると、ほぼ100%の確率で、その本に関連した話題が出たり、その本を必要としている人がいたりします。

でも、もしそんな展開がすぐに起きなくても、気にしません。

たとえ読んだ本がすぐにはピンとこなくても、しばらく経《た》って、「なるほど、あの本にはこんな意味があったのか」と納得するときが、かなりの確率でやってきます。

また、その本のたった1行が、自分にとって必要だったということもあります。

さらに、気になる本があったとしても、なんとなく気分が乗らないときは手に取りません。

強烈に読みたくなったとき、何の違和感もなく手に取りたくなったときが、ベストタイミングだと知っているからです。

以前、ある本の書名を連続して聞いたので、読んでみようと思いました。

でも、刊行時期が古いせいか、書店でなかなか見かけません。でもしばらく経って、仕事で訪れた町の小さな書店に入ったら、1冊だけ棚にありました。

じつはその30分ほど前に、スタッフが偶然その本を会議室にもってきていたのです。これだけシンクロが重なるということは、その本を買いなさいということです。

買ってみたところ、そのときいちばん知りたいと思っていた情報が書いてありました。

読むべき本であれば、必ず手に入ります。でも、手に入らないならまだ読むタイミングではないということなので、そのままにしておけばいい。それだけです。

別のいい方をすると、探している本が見つかるのも、また見つからないのも、シンクロなのです。

自分をむりやり動かして結果を出すのではなく、**シンクロによって生み出される出来事を柔軟に乗りこなしながら、人生を動かしていく。**

そして、あなたがこの人生でかなえようと思ってきた願いを生きていく。

この生き方がシンクロ・マネジメントなのです。

2章

体を目覚めさせると「自分」が変わる

シンクロ・マネジメント STEP1

体・心・魂をシンクロさせる3ステップ

想像したこともない、でも素晴らしい未来があなたを待っています。

その実現の秘訣《ひけつ》は、シンクロ・フィールドという僕らの意識の奥深くにある部分につながることです。

なぜなら、**シンクロ・フィールドは、すべての人、さらに人類全体、宇宙全体、過去未来、すべての情報の源泉**であるからです。

「つながるっていっても、どうすればいいの？」

「つながろうと思って、つながれるものなの？」

はい、あなたの疑問ももっともです。

つながろうと思ってつながれるか……ですが、つながれます。**その方法がシンク**

ロ・マネジメントの具体的なステップになります。

僕たちは、「体」「心」「魂」の3つの要素から構成されています。1章でもお話ししましたね（57ページのイラストも振り返って見直していただくとより理解が深まります）。

この**3つの領域における感覚器官・センサーを活性化する必要**があります。

◉シンクロ・マネジメント　STEP1

体のセンサーは主に、下腹部に集中し、僕たちに**快・不快のサイン**を出します。

僕たちは、自分にとって何が気持ちよくて、何が気持ちよくないかという感覚に敏感になればなるほど、よけいなことを考えずにスムーズに物事を進めることができます。

ここを活性化させると、**自分にとって必要なものが感覚でわかる**ようになります。

◉シンクロ・マネジメント　STEP2

心のセンサーは、主に心臓部、胸部に集中し、僕たちに**ワクワクなどのときめきのサイン**を出します。

ここを活性化させると、人、もの、場所などとの**運命的な出会いが感覚でわかる**ようになります。

◉シンクロ・マネジメント　STEP3

魂のセンサーは、主に松果体や頭頂に集中し、僕たちに**インスピレーションのサイン**を出します。

そう、1章でもたくさんお話しした「インスピレーション力」を鍛えるにはとくにここが重要です。ここを活性化させると、**人生で起きている出来事の流れが感覚でわかる**ようになります。

SYNCHRONICITY MANAGEMENT

シンクロ・マネジメントのSTEP

STEP1

体の感覚を目覚めさせて、
自分とつながる

2章

↓

STEP2

心の感覚を目覚めさせて、
周りとつながる

3章

↓

STEP3

魂の感覚を目覚めさせて、
流れとつながる

4章

↓

シンクロを「望む未来」に
生かせるようになる

シンクロ・マネジメント

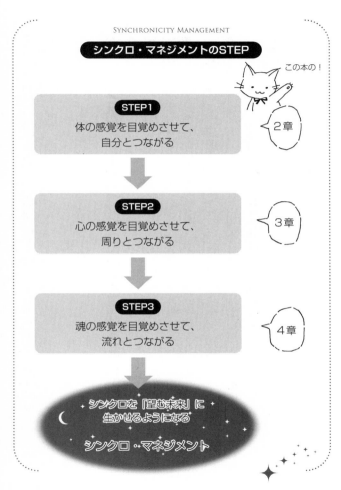

まずこの2章では、STEP1の体のセンサーを活性化することについて、くわしくお話ししましょう。

インスピレーションに反応できる体の作り方

シンクロ・マネジメントとは、シンクロをむりやり作り出し、コントロールしようとすることではありません。シンクロ・フィールドからインスピレーションを受け取り、それによって、周囲と調和しながら、新たな未来を生み出していくことです。

そのために、僕たちが真っ先にやらなければいけないのが、**体の感覚を目覚めさせ、自分自身としっかりつながり、日々を快適に生きること**なのです。

だって、「自分」が心地よくこの世界に立っていなければ、シンクロ・フィールドとつながることも、インスピレーションを受け取ることもできませんから。

ＳＴＥＰ１では、体の感覚を目覚めさせ、「自分自身」につながります。

そのためには、**過去から蓄積されている感情をいったん全部空っぽにします。**

僕たちは長い間、知らず知らずのうちにさまざまな感情をため込んでいます。それらの感情を、僕たちの「思考」はさらにがんじがらめにしてしまいます。

本当にやりたいことやワクワクすることもわからなくなってしまいます。そうすると、インスピレーションをキャッチするアンテナもうまく働きません。

当然、シンクロの波に乗って、人生を動かしていくこともできません。

だから**最初に、いまの自分の「好き・快」を徹底的に追求する**のです。

すると、自分がいま何を感じているかがわかるようになります。そして、ため込んだ感情が少しずつ、ときにはダイナミックに解き放たれていきます。

その後にわいてくるのは、正真正銘、「いま」のあなたから生まれる感情です。いまのあなたの五感の感覚です。

そうやって、本来の感情や五感を取り戻すこと。それが、ＳＴＥＰ１で僕たちがやるべきことなのです。

自分の「好き」に敏感になってください。そして、全力で自分を喜ばせてください。

そのためには、自分の「五感」の心地よさを大事にしてください。そして、自分自身の「感情」に素直になってください。

五感であなたが感じることや感情は、体と直結しています。

五感と感情を喜ばせることが、じつは、自分の体を喜ばせ、体とつながることになるのです。

あなたの五感が快適であればあるほど、わいてきたインスピレーションにすんなり反応できるようになります。

また、そのときどきの気持ちに正直になればなるほど、感じたことを自然に表現できるようになります。

そうなれば、いまの自分をもっと好きになります。そして、受け取ったインスピレーションのままに行動できるようになります。

感覚が「本物の願い」を教えてくれる

とはいえ、「好き」を選ぶ、自分を喜ばせるという単純な行為が、僕たちにはけっこうむずかしいですよね。

セミナーの受講生やクライアントの方とお話ししていると、**多くの人が自分を後まわしにして、自分自身の体や感情をないがしろにしてきた**ことがわかります。

でも、それも仕方ないのです。僕たちは、「もっと人のことを考えなさい」「ワガママはいけません」「空気を読みなさい」「がまんしなさい」「みんなに合わせなさい」と、どこかで言われながら育ってきました。

そのため、無意識のうちに社会のルールや他人を優先させる生き方が身についてしまっているのです。

「好き・嫌い」「快・不快」の感覚は、大事なセンサーです。

このセンサーが、自分にとって何が必要で、何が不要なのかを教えてくれるのです。

自分の感覚は、自分自身にしかわからないから、いまいるスペースを「好き・心地いい・快」だと感じるもので、埋めつくしていってください。

誰がなんと言おうと、自分が好きだと感じられて、心地よいもの、快適な状況です。**他人がどんなものを好きで、快適に思うかは、関係ありません。**

その一方で、「嫌い・不快」だと感じるものは、どんどん追い出していきます。それが結果的に、自分を喜ばせることになるのです。

そうすると、自分の中のモヤモヤや違和感に、とても敏感になります。**「これは好き」「これやりたい」「こっちに行くと、心地悪い」「これは違う気がする」など、パッとわかるようになります。**迷いがありません。

「好き・快」を満たすということは、自分の欲しいものがわかること。

つまり、自分を理解することにつながっていきます。

そうなったときに、「本当に欲しいもの」や「本物の願い」が見えてきて、インスピレーションがつぎつぎにわき、それを実現させるためのシンクロをキャッチできるようになるのです。

これから、「好き・快」の選び方のポイントをお教えします。

毎日の中で意識すれば、少しずつ感覚がつかめてきます。

どうぞ、楽しんでやってみてください。

不快を味わうことで快に転じる現象が起こる!

あなたが「いま」一緒にいる人は、「好き・快」な人でしょうか?

あなたが「いま」過ごしている場所は、「好き・快」な場所でしょうか?

あなたが「いま」していることは、「好き・快」なことでしょうか?

……「いま」あなたの五感は快適ですか? あなたの感情は穏やかで、喜びに満ちていますか?

ちょっと時間を取って、自分の感覚に正直になって答えてみてください。

どうでしょうか。もし「わ、いま全然心地よくない！」と感じても、問題ありません。これからの選択次第で、いくらでも変えられます。

むしろ心配なのは、自分の「快・不快」がわからないことです。

感覚が麻痺《まひ》してしまうと、つらく不快で自分を痛めつけている人生であるにもかかわらず、そんな状況にすら気づけなくなってしまいます。

だから、「いま」を常に意識して、日頃から「快・不快」に敏感でいる必要があるのです。

「快・不快」を感じたら、どちらもしっかり味わってください。

そう、**「不快」でも、逃げずに感じてみてください**ね。

「いま」起きていることは、いまのあなたに原因があるのではありません。「過去」に願ったことの集積です。

そこに「快」を感じるのであれば、いままでの願いの精度が高かったのです。

でも「不快」を感じるのであれば、願いの精度が高くなかったということ。
つまり、**誰かや何かの影響を受け、本来の自分ではないところから願っていた**ということです。

僕たちは、いまこのときも、無意識のうちに願いを解き放っています。自分が「いま」感じていることがそのまま願いとなって発信されます。

だから、快適な「いま」を味わえば味わうほど、「本当に欲しいもの」「心地よい状態」に向けて生きることになります。そして、さらに「快」の原因となるものが集まってきます。

また、**「不快」を感じたとしても、それを味わえば味わうほど「快」に向けて、願いの精度を高めていくことができる**のです。

なぜか。「不快」を感じつくすと、「こんな状態はもういらない！」と思えます。
すると、その願いが発信され、**「快」に転じる要素がどんどん集まってきて、「本当に欲しいもの」へ近づくプロセスが促進される**からです。

罪悪感は本当にしたいことを教えてくれるサイン

僕たちがいまこの瞬間の「好き・快」を選んでいくとき、必ず立ちはだかるものがあります。**自分の中にある罪悪感やタブー、ルールです。そして、自己否定です。**

たとえば、あなたの中には、こんなルールがありませんか?

「約束は守らなきゃいけない」「人に迷惑をかけてはいけない」「楽しんだ後は、がんばって仕事しなきゃいけない」「人を嫌いになってはいけない」

「あるある!」と答えたあなた。

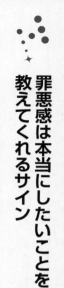

そのルールが自分を肯定できない理由になっています。

その「〜しては(〜しなければ)いけない」があればあるほど、自分を否定し、許せないと感じ、愛せなくなってしまうのです。自分を愛せないのは、とても苦しいですよね。

それにこれは、**インスピレーションを受け取るには、まったく邪魔な思い込み**です。

自分を好きでない状態、愛していない状態から抜けるためには、「〜しては（〜しなければ）いけない」という枠を外し、その影響を少なくしましょう。

僕たちは、生まれ育った環境でのルールや価値観に反する行いをしようとすると、後ろめたさを感じます。

本当は、ただ自分の生きたいように生きていこうとしているだけなのに、「してはいけないこと」「思ってはいけないこと」をしているような気分になるのです。

でも、**罪悪感とは「本当にしたいこと」を教えてくれるサインでもあるのです。**

なぜなら、独自の人生を生きようとすればするほど、それまでの常識や文化からすると「あり得ない」こともすることになるからです。

ところで、なぜ罪悪感という発想が生まれてしまうのでしょう。

僕は、その根本に「原罪」や「業（カルマ）」の意識があると思っています。

これらは、「人は生まれながらにして罪を負っている」「前世の罪を背負って生まれた」という考え方です。世界の神話や宗教の随所に見られるため、人類の集合意識がもっているものなのかと感じるほどです。

でも僕にいわせれば、原罪も業（カルマ）も、笑い飛ばすしかないくらい、どうでもいいものです。

過去を生きるのでなく、魂が体験したい「いま」を生きればよいのです。だって、**そもそも「罪」なんて、最初から犯していないんだから！**

そもそも、誰かに自分を許してもらう必要なんて、ありません。

たとえ「神」や「世間」が「罪深い」あなたを許してくれなくても、いっこうにかまいません。だって、「神」も「世間」も、「自分」だからです。

罪悪感もタブーもルールも、自作自演!?

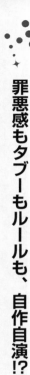

え⁉　論理が飛躍しているように見えますか？

45ページの図を思い出してください。僕たちは、シンクロ・フィールドというひとつの意識を共有しています。

いままでお話ししてきたように、シンクロ・フィールドは、他のすべての人たちともつながっているだけでなく、人類全体、宇宙全体、過去未来、すべての情報が入っています。

ここには、「神」「精霊」「創造主」などと呼ばれる神聖な存在も含まれています。

それは**「私」という存在が、神聖な存在とつながっていることを表しています。**

先人たちは、シンクロ・フィールドに存在する神聖な部分を、たとえば「神」という言葉で表してきました。

つまり、「神」として敬ってきた存在は、「僕たち自身」に他ならないということです。さらにいうと、この宇宙には、自分自身しか存在していないといえるのです。

この事実を言い換えれば、たとえば**仮に〝罪〟があったとして、それを許す側も、許される側も「自分自身」ということになります。**

だから、「誰か」に対して罪を許してもらおうとするのは、自分に自分を許してくださいといっていることと同じになってしまいます。

これって、おかしい話ですよね。

そう考えると、僕たちの中にあると思い込んでいた罪悪感も、タブーも、ルールも、まったくの「自作自演」です。なんだか、笑い話に思えてきませんか？

僕たちは、「罪深い自分」や「前世の業」に対して罪の意識をもっているのではありません。

じつは、「すべてであり、ひとつでもある自分から、自分を切り離していること」に対して原罪や業（カルマ）の意識をもち、「償わなくてはいけない」という感覚を覚えているのです。

でも実際のところ、**自分から自分を切り離せるわけもなく、自分が自分を見捨てるなんて不可能な話**なのです。

これが理解できると、〝罪〟の意識をもつのも、世間や一般的なモラルを気にして、自分のやりたいことを抑えるのも、バカバカしく思えてきますよね。

真の原因は両親への「愛」

他人や常識やルールを気にしてがまんしていては、「好き・快」を選べません。自分の正直な声をちゃんと聞いてあげましょう。その声に素直になりましょう。

やりたいことがあればやる。言いたいことは言う。

それが、**ワガママだろうと、ひんしゅくを買うことだろうと、タブーだろうと、本当にそうしたいと感じているのであれば、やってしまうのです。**そうしないと、あなたにとって快適な状況はやってきません。

こんなふうに生きようとしたとき、あなたはさらに浮上してくるものに気がつくはずです。それは、両親の存在です。

よく、親の教育や親子関係がいまの人生の問題を作り出しているという人がいますが、それは正確な理解ではありません。

真の原因は、両親への「自分の」愛です。問題は、たとえ表面では反発していたとしても、あなたが両親を大好きだということなのです。

大好きだから、**喜ばせたいから、期待に応えたくて本当にやりたいことを抑えるようになってしまう**のです。自分にとってはつらかったり、しんどかったりすることでも受け入れてしまうのです。

そして、両親の期待に応えられない自分を否定してしまうのです。これからは自分の期待に真っ先に応えてあげましょう。

もしいまのあなたが、やりたいこと、表現したいことへ抵抗感や罪悪感を抱いているのであれば、自分自身を最優先にすると決めましょう。自分に素直になりましょう。

好きなことには最優先で素直になり、求める。同じように、嫌いなことは、拒絶する。や

りたいことは、やりつくす。しんどいことは、やめてしまう。

そのうちあなたは、好きなときに好きなことをしている自分が、存在していることに気づくと思います。

それは、インスピレーションを素直に受け取り、素直に行動できる自分です。

怒りを解き放つには「ゆるめる、動かす、振動させる」

ここで、予言します。あなたが徹底して「快・不快」に従って、好きなことを選んでいくと、必ず抑えつけていた感情がドッとわいてくるでしょう。

たとえば、ちょっとしたことで怒りや不安が急にわいたり、なぜか悲しい感じがしたりすることがあるでしょう。これは繰り返し、起きる現象です。

僕もつい先日温泉に入ってくつろいでいたら、いろんな思いがよぎって、急に怒りがワッとわいてきました。

体が温まってゆるむとため込んでいた感情がわいてきやすくなるのですが、自分でも意外で、「まだこんな感情が残ってたんだ」と改めて気づきました（もう何に対して怒っていたのか忘れてしまいましたが）。

だから、「自分にこんなネガティブな感情があったんだ！」と驚かなくて大丈夫ですよ。**本来の自分を生きようと腹をくくったときから、たまっていた感情がどんどん出てきます。**

「抑えないぞ」と決めたから、フタを開けたように飛び出してくる。それだけのことです。それは、ひとつの特徴だと思ってください。

たまっていた感情の中で、もっとも出やすいのがいまお話しした「怒り」です。

怒りは、あなたがいままでずっとがまんしてきたのだと教えてくれています。

怒りの根っこには多くの場合「寂しさ」があり、それを言語化すると、「がまんしてきたことをわかってほしい」「気持ちを無視しないでほしい」となるのです。

自分はがまんしてきたのにわかってもらえなかった。寂しくて、悲しかった。

そんな気持ちは怒りという形になって、心の底にたまっています。

だから、自分ががまんしていたことに気づくと、それだけで、すごく気持ちが癒やされます。

対処法は、**「本当は私、こんなふうに怒ってたんだな」と気づいてあげるだけ**です。すると、すごくスッキリします。

怒りがわいてきたとき、たいてい「あいつムカつく！」「あれだけは許せない」という思いも一緒にわいてきます。

でも、その思いを人や出来事に向けてはいけません。こう考えてください。

「昔、私はあの人にこうしてほしかったんだ」「私は、あのときこう言いたかったんだ」

このように、自分自身が本当に感じていた思いまでたどりつけると、怒りはフッと消えていきます。

その他、感情の解放については、いろんなバリエーションがあります。

たとえば、わいてきた感情を言葉にして、誰かに話す。または、ありったけの感情を紙に思い切り書き出す。心ゆくまで歌う。スポーツやダンスをする……。

コツとしては、**体をゆるめる、動かす、振動させる**ということを意識してください。体が緊張して硬くなると、感覚が鈍くなります。

体がゆるめばゆるむほど、抑えつけていた感情がわいてくるようになります。

そして、わいてきた感情をじっくり感じて、その存在を認めてあげると、自然にヒューッと抜けていきます。

感情と体は連動しているので、そのプロセスを続けていると体もどんどん軽くなっていきます。

五感も研ぎ澄まされ、ますます自分の「快」に敏感になっていけますよ。

食・睡眠・セックスの三大欲求を満たさないと不感症になる

さらに、体の感覚を目覚めさせるには、人間の本能的な欲求、食欲・睡眠欲・性欲をとことん満たす必要があります。

この三大欲求を十分に満たしていないと、まずいことが起こります。満ち足りない欲求に振りまわされてしまうのです。

人間の性質として、**満たされていない欲求に意識を取られ、それを過剰に求めるようになる**というからくりがあるからです。

たとえば、糖質制限のダイエットをしていたら、炭水化物や甘いものがやたらと食べたくなるし、睡眠不足だと、昼間眠くて仕方ありません。

「ああ、甘いお菓子が食べたい」「10分でいいから寝たい」と、四六時中頭のどこかで考え、それを求めてしまいます。

そして、満たされていないものに、「快」のセンサーが過剰に反応してしまいます。

本能的欲求をすべて満たしていないと、自分の「欲しいもの」と「欲しくないもの」の判断基準が、わからなくなってしまいます。「快・不快」のセンサーが狂うのです。

そのため、こんなことが起こります。

・自分が欲しいものや状況が感じられなくなる
・自分本来の感覚ではなく、思考が求めていることが自分の欲しいものだと勘違いするようになる
・食事、睡眠、セックスを自分を傷つける手段にしてしまう（例：過食／拒食、過眠／不眠、セックス依存／セックスレスなど）

それでもがまんしていると事態はさらに悪化し、センサーがあきらめモードに入って、不感症になってしまいます。

「快・不快」がわからない、自分の欲しいもの、好きなものもわからない。もうどうでもいい……。そんな状態です。これはまずいですよね。

でも、三大欲求を満たし切ると、「自分に本当に必要なもの」と「適量」がわかります。そして、**食事、睡眠、セックスすべてが、自分を大切にする行為につながっていきます。**

だから、何はさておき、人間としての基本的欲求を満たすことが最優先なのです。

自分と「取引」することをやめなさい

ところが、ここでワナが登場します。「大人としての常識」です。

たいていの人は、こんなふうに考えます。

「さあ、思い切り食べたから、明日からダイエットしよう」

「遊びたいだけ遊んで、寝たいだけ寝たから、また仕事がんばらなきゃ」

これでは、自分の欲求を満たしていることにはなりません。**「○○したら、××す**

る」という取引をしているだけです。

純粋にただ楽しんで、自分の欲を満たせばいいのです。でも、それが選択できないということは、人間としての基礎力が弱っているということ。

これは、**「私は自分の願いをかなえることができない」という、自分に対してのあきらめへとつながります。**

どうせ実現できないからと、インスピレーションを受け取っても流してしまうことになるのです。

その背景にあるのは、「自分だけ幸せになってはいけない」「自分だけ気持ちよくなってはいけない」という思い。先ほども登場した抵抗感や罪悪感です。

僕たちは、深いところで、これらの感情に足を引っ張られているのですね。

しかし、それでは自分を深いところから満たすことはできません。

ＳＴＥＰ１の体の感覚を目覚めさせるためには、**自分が本当はどうしたいのかに、とことん向かい合う姿勢が必要**です。

でも、いままでいつもがまんしていた人が、そのがまんをやめて自分に素直になるには勇気がいりますよね。

だから、焦らなくてもいいですよ。このしくみを理解して読み進めていけば、少しずつ自分を満たす方法が見えてくるはずですから。

すべての目的は「自分の快楽にある」

自分の欲や日常的な願いをかなえてあげることは、**自分への信頼にもつながります。**

「自分は自分の願いをかなえられるんだ。自分を大切にできるんだ」と思うと、自分自身を信用できますよね。

すると、さらに自分の感覚を大切にするので、自然に敏感になって、インスピレーションもどんどんやってきます。

三大欲求や、自分の快楽へ素直になる生き方は、僕たちがシンクロ・フィールドとつなが

ることを邪魔するものを、どんどん取り払っていきます。

そして、幸せへの感度を高めていきます。

このことについて、僕には勉強になった体験があります。

いまの活動を始めたころ、僕はインスピレーションに従って動きまくり、無茶な生活を続けていました。

年間210回にも及ぶセミナーをやりながら、寝る間を惜しんでブログでも発信を続け、とうとう体を壊してしまったのです（つくづく極端な人間ですね〈笑〉）。

この仕事は、僕の分身のようなものでした。

ずっと愛情を込めて育て、人も、お金も、評判も集まるようになり、日々喜びを感じていました。

だから、そこに集中して自分のすべてを注げばいいと思っていたのです。

でもそれは過信でしたし、おごりでした。

「僕個人の幸せ」については、ほとんど見落としていたのです。

大切な体をないがしろにして、「他者に喜びを提供したい」という自分の思いだけに集中していたのです。

本来、僕がピントを合わせる必要があったのは「自分の快楽」でした。僕の幸せ、僕の豊かさ、僕の居心地のよさでした。

仕事であったとしても、人のための活動であったとしても、**僕たちが追求するべき本当の目的は、自分の幸せ、自分の喜び、自分の豊かさのためであるはず**だからです。

あなたも、自分自身の望みを誠実に見てみてください。

すべての目的は、「自分の快楽」にあることがわかるはずです。ライフスタイルも、人間関係も日々の活動も、遊びも食事も、自分が気持ちいいと感じられるように、日々何かを積み重ねていることが見えてくるはずです。

だから、「自分が快楽を感じること」に愛情をかけることが、そのまま欲しいものが手に入るシンプルな方法なんです。

もしあなたが自分を最優先しようと決めたのなら、まず心ゆくまで休んでください。たぶん、**忙しい僕たちに一番足りていないのは休息です。**

「認めてもらわなきゃ」「実績を作らなきゃ」「特別にならなきゃ」という焦りは手放しましょう。昔の僕も、そのモードでずっと生きてきました。

でも、**「特別な自分」になろうとしているときは、たいてい自分自身を満たせていないとき**なのです。

すごく疲れていて、がんばりすぎていて、心が干からびかけているから、誰かに認めてもらって、自分を潤そうとしているのです。

必死になって人に認めてもらおうと遠回りをしなくても、大好きな物を食べて、愛する人とセックスして、心地いい布団でぐっすり眠れば、それでもう十分すぎるほど満たされます。

自分で高めなきゃいけない
モチベーションなんて役に立たない！

自分の本能を満たしていないとき、好き嫌いの感覚を見失います。
自分のやりたいこと、うれしいことがわからなくなります。
これは、一言でいうと「生きる力」が弱ってしまった状態です。
そんな状態になった人からよく出てくるのが、つぎの言葉です。

「最近、やる気がわかないんです」「私、モチベーションを上げたいんです」

あなたも、「ああ、モチベーションが上がんないな」と、ぼやいたことはありませんか？
でも、ちょっと思い出してください。好きなことをやるとき、モチベーションって勝手に上がりませんか？

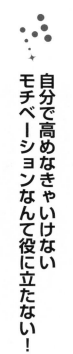

大好きなアーティストのライブに行くとき、デートのとき、休暇で旅行に出かけるときは、ワクワクしてモチベーション上がりっぱなしですよね。

モチベーションなんて、本能が望むものに向かうときは勝手に上がるものです。

わざわざ自分で高めなきゃいけないモチベーションなんて役立ちません。

本来は努力不要なものを、無理に上げようとするからおかしなことになるのです。

もしあなたが、「モチベーションを上げなきゃ！」と思っているのであれば、要注意。本来もっている本能的感覚、原初的な感覚をなおざりにしています。「人生とはこうあるべき」「これがないとまずい」「成功するならこうしなきゃ」といった、頭で考えている目的に向かって生きている可能性が高いです。

だからむりやり、モチベーションを上げなければいけなくなるのです。

じつは、多くの人は順番が逆なんですね。本来は、つぎの順番です。

欲しいものを得るために好きなことをがまんするのでなく、真っ先にいま好きなものを取りに行く。

欲しいものを得るために嫌いなことをがまんしてやるのでなく、真っ先にいま嫌いなものを放り出す。

すると、自分が本当にやりたいことがインスピレーションとしてわいてきます。

それに従ったとき、**モチベーションという言葉すら必要がなくなるほど、僕たちは勝手に行動しはじめます。**その行動がシンクロの波をつかまえるのです。

「もうここでは力を発揮できないよ」のお知らせ

そうはいっても、「モチベーションが下がりまくってます」というとき、どうするか。

僕はそれも、ひとつのシンクロだととらえます。

「もう、それはあなたのやることじゃないよ」「ここは、そろそろあなたのいる場所じゃなくなってるよ」というサインが、シンクロ・フィールドからきているのです。

シンクロ・フィールドは、自分が一番力を発揮できるところを教えてくれます。

本当の自分（魂）は、常にその場所にいたいと願っているので、サインを送ってくれているわけです。「もう、ここでは力を発揮できないよ」と。

でもそのサインを読めずに、**無理にモチベーションを上げようとするのは、流れに逆らって懸命に泳ぐようなもの**なのです。

じつは、一時的にモチベーションを上げることとは、技術的に不可能ではありません。僕自身、そのテクニックを使っていたこともあります。

しかし、サインを無視してモチベーションを上げ、現状をなんとかしようとするのは、大きなエネルギーロスです。本来やるべきことではないものに時間を奪われることになりますから。

モチベーションアップにエネルギーを使っていると、本当にモチベーションが上がったときに、100％のエネルギーと時間を注げません。

だから、中途半端な結果に終わってしまうことになりかねないのです。

いま僕は、モチベーションが上がらないときには、流れにまかせてゆったり生活します。心ゆくまでダラダラして、やりたいと思うことだけに集中します。

そうすると、つぎに本当にやりたいこと、やるべきことの波がきたときに、エネルギー全開で飛び乗れるのです。

「そうはいっても、やらなきゃいけないことはあるでしょ」

「それは、社会人として無理でしょ」

もしあなたがこんなふうに思っているとしたら、**いまあなたが大事にしているものが「純粋な自分」ではなく、社会の常識や過去に教え込まれた価値観**なのだと気づいてください。そして、その枠は自分で外せるということに気づいてください。

なぜ僕が、モチベーションが上がらないときに、安心してダラダラ過ごせるかというと、モチベーションのスイッチが入る波が必ずくると知っているからです。

あわてなくても、**人生にはアップダウンのサイクルがあり、繰り返し波がやってきま**

す。シンクロがその波を上手に乗りこなしながら、設定されている未来への流れにつなげてくれます。

でも、モチベーションの下がった場所や物事にしがみついていると、その流れに乗れません。だから、やる気が出ないときは逆らわず、そのシンクロの波に乗って、ゆったり過ごすのです。

休まない言い訳は、いくらでもできます。

「いまの仕事を辞めたら、家族が食いっぱぐれる」「自分には、やりたいことをやれる力なんてない」

でも、**そんな言い訳にとらわれて自分をごまかしていると、もっとモチベーションは下がりつづけますよ。**そうこうしているうちに、その環境を変えざるを得ないような大きなシンクロが起こります。

そうなる前に、モチベーションというバロメーターが教えるサインに従ったほうが、うまくシンクロに乗ることができます。

シンクロが巻き起こる劇的な方法

体の感覚を目覚めさせる劇的な方法もお伝えしておきましょう。

これは、シンクロを起こすためにも劇的な変化を生んでくれます。

それは、**「捨てて、捨てて、捨てまくること」**です。

「もの」だけではないですよ。**情報も、人間関係も、古い自分も、すべて。**

徹底的にです。どれだけ徹底してやるかというと……。僕自身がやったことをお話ししましょう。

◉本

1500冊から20冊に減らしました。その後、半年間1冊も読まない生活をしました。**自分の中に全情報が絶対あるはずだから、それを取り出すために、外からの情報を一切受け取らない生活をしてみた**のです。その結果、本を読まなくても大丈夫だということがわかり、0冊に減らしました。

蔵書の中には、未読の本もたくさんありました。それらはすべて、「将来その本を読んで変化する自分の可能性」でした。言い換えれば、いまの自分に対する自信のなさのあらわれでした。本と一緒に、「自信のない自分」や「不安な自分」も捨てました。

◉名刺

これを言うと驚かれるのですが、名刺はすべて処分しました。「名刺は大切に扱わなければ」という「常識」があることはもちろん知っていま す。でも、必要な人とはメールやSNS、携帯電話などで連絡を取り合えますよね。

それに、**会うべき人とは会うべきタイミングで会える**という信頼が僕にはありますし、実際にそうです。だから名刺は不要だったのです。ちなみに携帯電話のアドレス帳にも、20人弱しか登録していません。

◉ブログのストックネタや企画のメモ

書きかけの記事や、ネタ切れ対策で取っておいた記事のアイデア、いつかやろうと思っていた企画のメモなどは、全部削除しました。

手をつけていないということは、いらないということ。

「本当にやりたいこと」であれば、最優先でしているはずです。ストックしているのは、それだけ優先順位が低かったからなのです。

◉手紙、写真、思い出の品

これを捨てるのは勇気がいりました。でも、よくよく考えると実際には、何年も見ていない、読み返していない、手に取っていないものばかりです。

ここで一緒に捨てたものは「なんとなく捨てると申し訳ないと感じる自分」「捨ててしまったら大切な人を傷つけてしまうような気がする自分」

です。

本当に取っておきたかったのは、ものではなく人とのつながりや感謝の気持ちです。一緒にいる人との時間や会話を大切にすればいいということがわかりました。

◉スケジュールや予定

つきあいや仕方なく会う予定などはすべて断ることにしました。スケジュールが空白になると「暇な人間に見られるのは恥ずかしい」「自分は必要とされていない」という不安が出てきました。でも、その不安も捨てました。

潜在意識に空白を作れば、シンクロが見えてくる

いま挙げたものの他にも、衣類や雑貨などありとあらゆる不要なものを処分しまくりました。

でも、単にものを捨てているわけではないのです。

本を処分したときに、「自信のない自分」や「不安な自分」を捨てたように、**名刺を処分したときには、「社会人としてのマナーを守る自分」を捨てました。**その他にも、「寂しい自分」や「自慢したい自分」など、不要な「自分」を捨てていきました。

そうすることで、潜在意識に空白を作っていったのです。

たとえば、夢やビジョンを実現しようとするとき、多くの人は、「いまの状態」に新たな状況をプラスしようとします。

でも、**パンパンの状態に何かを付け加えようとしても、潜在意識は「もう、いっぱいです！」と悲鳴を上げる**のです。

だから、新たな何かをやろうとしても、モチベーションが上がらないのは当然なんですね。

常に空白を作っておけば、そこに「新しい生命」がどんどん生み出されつづけます。フレッシュなアイデアやいきいきとした発見がやってきます。ストックや不要なものがないと、いつも身軽で気軽です。フットワークが軽やかです。思考もクリアで、感覚がどんどん鋭敏になり、自分の欲しいものがダイレクトにわかります。

じつは、ここまで徹底してものを処分したきっかけは、あるとき、すべてのことに対してモチベーションがとことん上がらなくなったからです。

それで、**「どうせなら、そぎ落とせるものはギリギリまでそぎ落としてみよう」**と思い立ったのです。

もちろん、不安や焦り、罪悪感は出てきました。世の中に置いていかれるかもしれない。このまま忘れ去られるかもしれない。仕事仲間にあきれられるかもしれない。チャンスを逃すかもしれない……。

でも、全部放置しました。それで、毎日ゴロゴロ（笑）しながら過ごしていました。すると、けっこうその状態に慣れてくるのです。

それで、**あるときふと周囲を見渡したら、住む世界がまるで変わっていました。**

シンクロで全体が動いていくのです。自分が動かなくても、誰かが企画を考えて細かい作業をやってくれる。イベントを回してくれる。それも、僕より高いクオリティで。といったように。

お金も十分すぎるほど回っていて、勝手にアイデアが出て、エネルギーがわいてくるようになりました。

「自分がやらなければ」「自分がどうにかしなければ」という思いがどんどん薄くなった結果、**面白いことに、周囲がどんどん動き出して、見渡せば見渡すほど、順調に物事が動いていた**のです。

僕たちが動いていようといまいと、世界はシンクロで動いています。

よけいな手出しをしなくても、**むしろ、下手に手を出さないほうがうまく回ります。**

すべてはシンクロによって流れるように動いているから。

不安から「何か」を付け加えようとしなくても、成長しようとしなくても、計画しなくても、一生懸命動かなくても、手元に残るものは残るし、生み出されていくものは生み出されていくのです。

自分の体と感情に、ただ素直になったあなたは、あるとき気づいたら、細胞の一つひとつが震えるような喜びを感じながら、毎日の一瞬に集中し、躍動感の中で生きているでしょう。

潜在意識のクリーニング「ぽいぽいワーク」を実践してみよう

インスピレーションをキャッチすることを妨げる不純物を手放し、クリアな自分になる強力なワークをご紹介します。

不要になったものをどんどん捨てて、ピュアな状態になるという「ぽいぽいワーク」です。

このワークは、寝る前にベッドや布団に入った状態で行います。

一日の終わりのすべてを捨ててリセットすると、潜在意識に新たなインスピレーションが呼び込まれます。

実践！　潜在意識のクリーニングをし、シンクロ体質になる「ぽいぽいワーク」

①布団に入ったら、つぎの宣言をする

「私は、いまあるすべてをリセットし、『何もない私』に戻ります。

朝起きたら『純粋な意識としての私』で目覚め、

その流れから一日がスタートすることを意図します」

②いま、抱えているものをイメージでぽいぽい捨てて、自分を空っぽにしていく

仕事も、役職も、「親」「子ども」「妻・夫」などの役割も、親も、パートナーも、子ども（イメージだから、いいんです！）も、責任の全部をぽいぽい捨てる。心配も、不安も、怒りも、悩みも捨てる。いまもっている財産も、もし借金があったらそれも捨てる。予定も、夢も、目標も、ぽいぽい捨てる！　いままでやってきたことも全部捨てる。いま抱えているものも全部捨てる！

思いつく限り、イメージの中で「すべて」捨ててしまってください。

③空っぽになったら寝る

「何もない自分」になったら眠りにつきます。

僕たちの頭は、たくさんの予定や義務で埋めつくされていて、潜在意識はそれらをこなすためにがんばってくれています。

このワークを行うと、**潜在意識のクリーニングが進み、インスピレーション力が上がって、シンクロもとらえやすくなってきます。**

シンクロを加速させるためには、何はさておき、不要なもののリセットが最優先なのです。

このワークによって、いま抱えているものが潜在意識から解き放たれていくので、心が自由になり、のびのびとしてきます。

どうぞ、「なーんにもない」という状態を楽しんでください。

3章

「人とお金」の出会いが変わる心の目覚めさせ方

シンクロ・マネジメントSTEP2

運命の出会いに反応できる心の作り方

「当分結婚する気はなかったけど、彼女と出会ってすぐ結婚することになった」
「この人たちと出会って、シンクロの連続で、画期的なプロジェクトが生まれた」
「あの人に誘ってもらって、趣味の読書をもっと多くの人と共有する読書会に参加でき、読書の幅が広がり、人生の幅も広がった」

恋愛でも、仕事でも、趣味でも……。

あなたを成長させ、予想もしなかった素晴らしい未来を一緒に作り上げてくれるような「運命の人」と出会いたいものですよね。

STEP1で、僕たちは体の感覚を目覚めさせ、自分自身につながり、自分にとって何が必要か、必要じゃないかがわかるようになりました。

このSTEP2では、自分の心を目覚めさせることで、**人との「運命的な出会い」が感覚でわかるようになります。**

STEP1で自分自身とつながることで、「自分」という存在がすっくと立ち上がってきます。そのとき初めて、僕たちはひとりの人間としてインスピレーションを受け取りながら、他人とつながっていけます。

僕たちには、社会的欲求というものがあります。**人とのつながりが欲しい、関係を築きたいという欲求です。**

「社会」が、すでに人と人とのつながりから構成されていますので、生物としての生死に関わる欲求とはまた別の領域の、「人と人とのつながりの中に所属したいという欲求」があるのです。

いくら新しい自分で生きようとしても、周囲から浮いてしまったり置き去りにされたりしたら、孤独になります。でも、人はひとりでは生きていけません。

僕だって、世界を変える強烈なインスピレーションが降りてきたからといって、夜中に家族をたたき起こしたり、人に電話をかけまくったりはしません（笑）。

ただし、「周囲に配慮する」「社会性を考える」というと、ともすると「自分軸」ではなく「他人軸」で動いてしまいかねません。他者と関わる以上、彼らの思いやエネルギーに巻き込まれる可能性があります。

シンクロ・マネジメントの基本は、あくまでも、「本当の自分で生きること」です。ですから、他者とつながるためには、まず自分自身としっかりつながる必要があります。

同時に、シンクロとは自分以外の存在との間に起こるものです。

シンクロを上手にマネジメントするには、バランス感覚が必要なのです。

そのバランスを調整してくれるのが、この章で見ていく「心」です。

STEP2では心の役割を見て、その感覚を目覚めさせていきます。

そして、**人間関係の中で本当の自分を生きながら、周囲とつながっていく方法**をお話しします。

自分の「心の穴」を埋める人とつながっていませんか？

自分で自分を満たせていないと、その代わりに**「誰か」を使って満たそうとしてしまいます。**

シンクロ・フィールドからやってくるインスピレーションが、「この人じゃないよ」「こっちの人だよ」といくらサインを送っていても気づかないのです。

あなたが「本来つながりたい相手」ではなく、「私の穴（満たせていない部分）を満たしてくれる相手」とつながることになってしまいます。

あなたが、本当につながりたい運命の相手……**あなたの人生に素晴らしい影響を与える人と出会ったときに、「ときめき」というインスピレーションがやってきます。**

しかし、「心の穴」があいていると、そのサインには気づきません。

たとえ気づいても、「この人脈は使えそうだ」「知名度があるから、つながっておこう」「自分にはこの人が必要だ」という、頭で判断した基準で周囲とつながってしまうのです。

「なぜこんな〝あたりまえ〟のことができないの？」に潜むワナ

心の穴があく原因についてお話ししましょう。それは、何だと思いますか？

僕たちの耳に子どものころからなじんでいる言葉、「常識」「普通」「あたりまえ」というフィルターです。

「それって、〝常識〟だよね」「なぜ、こんな〝あたりまえ〟のことができないの？」。

そんなふうに言われて、「自分が悪いのかな」「私って変なのかな」とへこんだことはありませんか？

僕は、子どものころからずっとそうでした。

「まとも」にできない自分、**「みんなと同じ」ようにできない自分が嫌で、悩みの種でした。**「このままじゃダメなのかな」といつも思っていました。

それは、社会人になっても変わりませんでした。

片づけがまったくできず、空気が読めず（読めていないことにさえ気づかず）、ひとつのことに集中できず、周りがあわてているのに他人事《ひとごと》みたいでした。興味がない話につきあえず、約束や締め切りが守れないどころか、その存在を忘れているといった人間で、どんなに努力しても変わりませんでした。

仕事を始めてからは、それなりの業績を挙げることができましたが、本質的な部分は相変わらずでした。

周囲の大人は、あらゆる手を使って僕を矯正しようとしましたが、できませんでした。

いま僕は、声を大にして言います。**「普通でいなさい」「常識を考えなさい」という圧**

力がきたときは、「全力で無視！」すればいいのです。

だって、もしあなたが自分と違う「常識」を受け入れたとき、あなたの「個性」がひとつ消えるのです。**「あなたらしさ」がひとつ消えるのです。**

それが心の穴となって広がっていくのです。

他人の価値感に合わせた仮面を脱ぐと運命の相手と出会う

あなたに「普通」を押しつけている人は、その人の世界観の中での「普通」を話しているだけです。さらに他人に対してもそれを強制しようとするのは、その人が本当は普段から心の底では納得せず、我慢をしているからです。

自由に生きようとしているあなたを見ると心が落ち着かなくなるのです。

もっといえば、「自分はがまんしているから、おまえもがまんしろ！」と言っているだけなんです。だから、そんな人は気にせず、自分の感覚を大切にしましょう。

「いや、私そんなに強くないんですよ」という人は、頭の中でこう考えてください。

「ああ、この人はそう思っているんだ」「なるほど、あの人にとってはそうなんだ」

「常識」も「あたりまえ」も人生から放り出して、あなたはあなたの人生を生きると決める。

そんなふうに生きていると、何が起こるでしょう。

不思議と、自然と周囲があなたを認めはじめます。あなたがしっかり自分につながっていればシンクロがそれを後押ししてくれます。

だから、堂々と「自分」でいればいいのです。

「素の自分」は、誰でも魅力的です。赤ちゃんに触れればすぐわかりますよね。

「素の自分」には、嘘《うそ》がありません。どこをどう切り取られても、丸裸にされても、偽りがどこにも見つかりません。つまり本物です。

でも、人前で仮面をつけている間は、生きている感覚も、くつろいでいるという感覚もありません。いつ仮面がバレるだろうと、常におそれています。ストレスを抱えつづけます。

あるとき僕は、自分が仮面をつけて生きることも、他人の仮面につきあうことも面倒になりました。ほとほと疲れてしまったのです。

そこで勇気を出して、仮面を外すことにしたのです。

気を使うことをやめて、本音を表現するようになりました。

すると、**周囲は僕のことを理解してくれるようになり、伝えたいことがスムーズに伝わるようになり、嫌なことを押しつけてくる人はどんどんいなくなりました。**

「社会人として」「父として」「大人として」「日本人として」という仮面をどんどん外していった結果、**ひとりの人間として周りとつながることができるようになりました。**

本音で話せば話すほど、相手もよそ行きの仮面を外して打ち解けてくれることが早くなりました。

世間や常識と自分を合わせることをやめて、「本来の自分」で人と触れ合うと決めたときから、**相手も仮面を外してコミュニケーションをしてくれるようになった**のです。

「本来のあなた」と「本来のその人」が出会うとき、そこから本当の意味でのコミュニケーションが始まります。「本来のあなた」とともに生き、ともに笑い、ともに遊ぶ仲間がどんどん増えていきます。

そんな仲間たちとの間では、当然シンクロもどんどん起こります。そして、物事が面白いように展開していきます。

自分だけでなく、相手だけでなく、「みんなが幸せになる独自の枠組」の作り方

ここで、誤解のないようにお伝えしておきたいことがあります。

「自分自身を生きる人生」と、「自分さえよければいい人生」とは違います。

ときどきこんな話を聞くのです。

「いまの正直な気持ちだからって、約束をドタキャンされて困っちゃいました」

「自分を大事にしたいからと、ひとりだけ別行動して現場が混乱したんです」

「みんなが気配りしたからうまくいったのに、自分が幸運を引き寄せたかのように自慢されて、モヤッとしました」

インスピレーションに従って「自分」を生きようとして、極端な行動に出てしまう

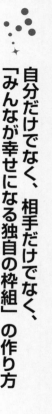

人。たとえば、育児や仕事を放り出して誰かに迷惑をかけたり、自分の意志を通すために他人を傷つけたりしてしまう……。

そんな人すべてに、共通していることがあります。誰の目にも明らかですが、**周囲への配慮が欠けている**のです。周りとシンクロしていないということです。

また、**インスピレーションやシンクロからではなく、単なる「反射」で動いている場合**もあります。

外側の刺激に対して、ただ反応して動いているだけで、シンクロ・フィールドとつながってはいません。

単に、焦りや自信のなさ、不安、あこがれという感情から、リアクションしているだけです。だから気分がコロコロ変わって安定しないのです。

そのためには、自分を満たし、自分とつながるSTEP1が重要になります。

基本的に、**本当に自分を満たしていると余裕ができて、自然と他人に配慮できますし、単なる反射で本来望まない行動は起こさない**はずです。

先日、ある受講生がこんな話を聞かせてくれました。

「もう自分には合わないと感じたから、職場を辞めることにしたんです。以前の私だったら、周りへの恨みつらみをぶつけて辞めるところでした。でも、今回は自分の冷静な気持ちを手紙にして、関係者一人ひとりに渡したのです」

こんなふうに、**自分の正直な感覚に従いながら、同時に、関係者に配慮することも可能**です。

相手に単に不満や恨みをぶつけて責め立てるというより、**「自分を含めたみんなのため」に、お互いに伝えたいことを伝えていけるようになります。**

また、自分の正直な感覚を配慮しながら伝えられるようになると、場合によっては「ぶつかり合い」になることもあるでしょう。

ただ、そのぶつかり合いの覚悟こそが、それぞれの価値観や世界観の範囲から抜けて、一緒にいる人全員が幸せになる新しい枠、関係を創造するのです。

世界観についてはのちほどくわしくお話ししますが、それぞれがもっていて人生に大きな影響を及ぼします。

相手の世界観やルールでは、自分は幸せになりません。

そして、自分の世界観やルールでは、相手も幸せになりません。

運命の相手とは、自分のそれまでの世界観を超える枠をお互いに生み出せる存在なのです。

「思考」はむしろインスピレーションの現実化の確率を上げてくれる

あなたは、残業のため深夜に帰り、いまようやくベッドに入りました。

リラックスしたせいでしょうか？

「Aさんに連絡してみよう」

こんなインスピレーションがやってきました。

さらには、寝返りをうつと、本棚から1冊の本が落ちているのが見えました。起き上がり、拾い上げてみると、その本はAさんから借りた本。

まさに、シンクロ！　こんなとき、どうしますか？

深夜にもかかわらず、電話しますか？

電話より、LINEにしようとか、メールを出しておいて、Aさんに迷惑にならない朝に連絡を取ってみよう……などと判断するでしょう。

インスピレーションやシンクロを受け、判断しているのは「心」です。

現実社会の中でそのインスピレーションをどう行動に移せばいいのかを調整してくれるのが心なのです。

心の構造は、いままであなたが取得してきた「ビジョン」「アイデンティティ（自分は何者かという認識）」「信念」「スキル（経験）」「解釈」によって形成されています。

これらがフィルターとなって、シンクロ・フィールドから送られてきたインスピレーションをあなた仕様にカスタマイズしてくれます。

心は、インスピレーションがやってきたとき、いまの社会状況や置かれた環境の中で、**あなたが本当に望む未来を実現するために、具体的にどう動けばいいかを調整**してくれます。インスピレーションの翻訳機が、心だと思ってください。

だから、**インスピレーションがわいてきたら、一呼吸おいてつぎにやるべきことを考えればいい**のです。これは、時間をおいて考えろという意味ではありません。

そのインスピレーションが、いまのあなたの状況や周囲と、どうしたら調和するかという視点で見直すということです。

たとえば、ある人がいきなり「インスピレーションに従って、私はアフリカに学校を作ります！」と言い出しても、その人が英語も話せず、資金調達のメドもまったく立っていないのだったら、どんなに力強く宣言しても現実化は厳しいでしょう。

そのインスピレーションが本物かどうか、もし本物だとして、それを実現するとしたら、どのような行動が必要かを見ていくのが、心というフィルターの役割です。

先の例だと、「アフリカの教育事情を調べてみよう」「NPOをやっている友人に話を聞きに行ってみよう」「自分の強みでどう貢献できるのか」……など、自分が置かれている状況も考え、具体的にはどう動いていくかを調整していきます。

ですから、**心というフィルターがきちんと機能すると、インスピレーションが実現する可能性は高くなる**のです。

一方、インスピレーションがきたから、シンクロだからと、周りを振りまわすような行動を取る人がいます。

そういう人は、もう少し心の感覚を目覚めさせ、心のフィルターを機能させたほうが、もっと周囲の人ともつながって、よりよい未来になるのです。

その意味では、**心は「思考」と言い換えることもできます。**

もしかすると、あなたは、思考とはインスピレーションを邪魔するもの、敵だと思っていたかもしれません。

でも、じつは思考の中にインスピレーションを落とし込むことが、とても大事なのです。

インスピレーションを素直に実行できないとき、何が起きているのか？

インスピレーションもシンクロも、それぞれに僕たちを導こうと働きかけてくれています。

でも、**自分の信念や未来のビジョンに反するものがきた場合、心のフィルターが作用して、抵抗が生まれ、素直に実行できない**こともあります。

信念というのは、人それぞれ違いますね。

また、未来のビジョンとは、意識して描くイメージではなく、親とか友達、さらには民族、社会からの影響によって、心に設定されているものです。

「高齢化社会でますます日本は大変になる」「文系より理系のほうが就職しやすい」

「結果を出すには残業しなければいけない」「結婚はしないよりしたほうがいい」……こんなビジョンをもっていませんか？

もちろん、周囲の環境や時代によって変わってきます。

僕たちはそのビジョンや信念をもとに、世界を把握しています。それが世界観です。

仕事やパートナーの選び方、人生設計、人とのつきあい方、お金の稼ぎ方や使い方などありとあらゆることを、僕たちは自分の世界観によって決めています。

短期的に人生に影響を与えるのは、感情や行動、決断などですが、**長期的に見ると、人生に圧倒的な影響を与えるのは、どんな世界観をもっているか**なのです。

たとえば、「ＡＩの登場によって多くの人の雇用がなくなる」という報道があったとします。

悲観的な世界観をもつ人は、「自分の職業が奪われる」「一部の人に搾取される」などと心配します。しかし、肯定的で楽観的な世界観をもつ人は、**「人間が退屈で単調な**

仕事から解放されて、本当にやりたい仕事ができる時代がくる」と喜びます。

このように、世界観ひとつで、自分を取り巻く世界はガラッと変わってしまうのです。

一方、**インスピレーションは、いつも未来の世界を教えてくれています。**

シンクロも、偶然という形で未来の世界に向けて動いていきます。**「本当は、ここまで行けるよ」と常に呼びかけてくれている**のです。

でも、自分の世界観と真逆だったり、自分を限定するものだったりすると、せっかく未知の世界からインスピレーションがきても、受け取ることができません。

たとえば、「会社に所属して働くほうがいい」という世界観があると、起業のインスピレーションやシンクロがきても抵抗してしまいます。

それらに抵抗しているものが、自分自身。もっと正確にいえば、現状維持をしようとする自分の世界観なのです。

そのため、自分がどんな世界観をもち、どんな未来ビジョンをもっているか、意識しておく必要があります。

世界観は、僕たちが幼いころから無意識のうちに親や社会から学び、インストールされたものなので、自分がどんな世界観をもっているか、きちんと把握している人はほとんどいないでしょう。

でもだからこそ、**「これは、どんな世界観に由来するのだろう」と考えれば、自分の世界観を自覚することができます。**

でも、1章でもお話ししましたが、「幸せなビジョン」などむりやりに目標設定をする必要はありません。逆効果になります。

ポイントは、**心の感覚を目覚めさせる「ときめき」というインスピレーション**です。

「ときめく」とは、もしハートにセンサーがあったとしたら、そのセンサーがビビッと反応することです。

このしくみを把握すると、速い速度で世界観を更新することができるのです。

世界観がシンクロ・フィールドからのインスピレーションに近づけば近づくほどに

「ときめき」のセンサーが素直に働き、魂が設定した未来に向けてスムーズに早く行動することができるのです。

心に設定された未来ビジョンを変更するコツ

僕が娘に対して、どのようなスタンスで接しているかを例にとって、お話ししましょう。

娘が将来どんな人生を歩むことになるか、どんな環境で生きるようになるか、未知の世界です。

人生ではどんなことが起きるのか、そのときでないとわかりません。

そのため、娘が生まれたとき、彼女が大人になったときに、**どんな人になっていてほしいかというビジョンを13項目考えました。**

もちろん、**基準は心のときめき**です。

「人に迷惑をかけない」「時間を厳格に守る」……大事なことかもしれませんが、僕らはときめきませんでした。

「笑顔で過ごしていてほしい」「好きなことをやっていてくれればいい」などに心のセンサーが反応しました。

そのビジョンに向かって子育てをしていると、**いま起きている問題への対処法がまったく変わってきます。**

たとえば我が家では、娘がぐずぐずしていて幼稚園に遅刻してしまうことがときどきあるのですが、あまり急《せ》かさず見守っています。

「笑顔で過ごしていてほしい」というビジョンに、「今日の遅刻」は影響しないからです。

またときには、親の都合で遅刻してしまうこともあります。でも、朝あわただしくしてギスギスするより、毎日楽しく娘を送り出したいのです。

彼女が笑顔でいる大人になるには、きっとこれが正解でしょう。

もちろん常識的には、遅刻せずに登園したほうがいいのはわかっています。

しかし、ビジョンには、「遅刻しない大人になる」は入っていません。**親子で共有できるビジョンを作っているおかげで、娘はそのビジョンに向かって、のびのび育っています。**

このビジョンがあることで、子育てのイライラや悩みが大幅に減りました。自分がどんな人生を送りたいのか、どんな毎日が欲しいのか。そのビジョンを一度しっかり作ってみましょう。

それが、あなたの住む世界を決めることになります。

「欲しい」という感覚こそが幸せにつながるサイン

あなたが本当に自分を幸せにするビジョンを見つけたいなら、ビジョンを設定するノウハウやスキルは一切必要ありません。**あなた以外のものが、あなたの望むビジョン**

を「教えてくれる」ことはないからです。

ビジョンを見つけるためにもっとも重要なこと。それは、あなたが本来もっている「欲しいという感覚」です。

将来自分がどうありたいか。何が欲しいのか。どんな状態ならときめくのか。

その感覚を、インスピレーションで感じてみてください。

赤ちゃんや子どもは、「欲しい」という感覚を素直に表現します。

ですが、僕らは成長するに連れてその感覚を抑えるように教育されます。

だから、「そんなもの、現実的に考えて無理じゃない？」「責任を果たさないと」「食べるために、がまんして仕事しないと」「社会をうまく渡るために、自分を抑えなきゃ」と、自分で自分に「制限」をかけるようになります。

でも子どものころは、欲しいものは素直に「欲しい！」と言いましたよね。

あのころのように欲しいものを感じ、正直に表現できるなら、自然と望むビジョンが見えてきます。

本当にやりたいことは、「欲しい」という感覚を大切に育むことで、浮かび上がってくるのです。

「欲しい感覚」とは、成果や具体的な数字、行動計画とは関係がないものです。

「誰かのため」「世の中のため」より先にわいてくるものです。

そして、**あなたが「やりたいこと」「好きなこと」とつながっているもの**です。

もし、あなたが自分を感じられなくなっているとき、自分自身の感情や気持ち、「欲しい」という感覚がわからなくなっているときには、ビジョンを無理に立てようとしないでください。

その代わり、好きな場所で一日ボーッとしたり、好きな映画や小説に触れたりするなどして、やりたいことだけやる日を作ってください。

いい香りのおふろに入ったり、心地いいファッションを身にまとったりして、「うれしい」「楽しい」という喜びの感覚を生活のあらゆる場面で増やしてください。

そうすると、「欲しい」という感覚が自然とわいてきます。

その状態でわいてくるものこそが、あなたが本当に望むビジョンとつながっているのです。

「この地球で一緒に遊ぼう！」と決めてきた運命の人たちがいる

ビジョンを大切にしながら、シンクロとつながる人生を送りたいなら、誰と一緒に過ごすかがこのうえなく大切です。

恋愛でも、ビジネスでも、プライベートでも常に「ときめく相手」と一緒に過ごすことを選んでください。

その相手こそ、「運命の相手」である可能性が高いのです。

「運命の相手」とは、**「この地球で一緒に遊ぼう、冒険しよう」と決めてきた人です。何**

かをともに生み出そうと約束してきた人です。

肩書きも年収もいまいる環境もまったく関係ありません。

シンプルにハートがときめいた相手、「一緒にいたい」「協力し合って何かやりたい」というインスピレーションがわいた相手です。

でも運命の相手は、朝から晩までその人に会いたいとか、その人のことを考えるとドキドキするとか、そんな恋愛のような高揚感がある人だけとは限りません。

むしろ**「あ、この人とは今後面白いことができそう」「この人と、新しい展開があったらうれしいな」といった静かな予感**を覚える場合も多いです。

「この人、なぜか気になるな」という感覚がくる場合もあります。

運命の相手に会うときは、自分がやろうと決めてきたことに近づいているので、いつもとは違う予感がします。それが、ときめきです。

その相手を、そしてその相手と一緒にやることを大事にしてください。

彼らとあなたは、いまの時代に合わなくなった古い価値観や文化を壊して、新しい時代に

合う新しいものに生まれ変わらせることだってできるのです。

また、運命の相手とはこれまでの体験や興味のあることが重なっていて、会話の中にシンクロが多いのも特徴です。

「それそれ、そう思ってた！」とか「いま言おうとしたことと同じ！」とか、コミュニケーションがスムーズに流れる感覚があります。

その会話で起きるシンクロの感覚を大切にしてください。そこで生み出されるインスピレーションは、それまでにないアイデアや企画、新しい文化の種になるからです。

「こいつだけは許せない！」は、強烈なブレイクスルーをもたらす運命の相手

「まさか！」と思うかもしれませんが、**「こいつだけは許せない」と思う相手は、ほぼ何**

らかの**「運命の相手」である可能性が高い**です。

「こいつだけは」と思う人たちって、こんな人ではありませんか？

自分の中にあるルールやタブーを平気で侵してくる。あるいは、他の人では絶対にわからない心の痛みや傷に、ズカズカ踏み込んでくる。だから心が逆なでされて、その人といると特別イラッとする……。

でもそんな相手だからこそ、深く関わってみると、**他の相手では絶対に得られないブレイクスルーが起きる**ことがあるのです。

僕の講座の受講生で、そんな予想を超える関係になった相手と出会った女性がいらっしゃいました。

その相手と出会ったとき、なぜか相手の言動の一つひとつが気に障り、「この人、あり得ないくらいムカつく！」と思ったのだそうです。

最後は、「許せない」という感覚までわいてきたとか。

ところがあるとき、その相手から「あなたは、僕のことが好きだよね？」と言われ、ハッと自分の本心に気づいたそうなのです。

その二人はいま、プライベートでもビジネスでもパートナーです。

「お互い何も話していないのに、同じことを同じタイミングで思っていたりやっていたりするんですよ」と話すくらい、強いつながりを築いています。

「運命の相手」についてもとても誤解が多いので、正しく理解しておきましょう。

「運命の相手」はひとりではありません。

また、恋愛関係だけでもありません。

さらに、複数でチームを組んでプロジェクトに取り組む場合もよくあります。

◉「運命の相手」はひとりではない

そのときどきによって変わります。

「いまつながるといい運命の相手」が、そのときにやるべきことやテーマに合わせて複数います。**「赤い糸」は一生に一本とは限らない**のです。

◉「運命の相手」だと思ったのに、ときめきが冷めてしまった場合

お互いの魂が決めてきたことが完了したという場合もあります。そんなときは、別の相手と出会うタイミングです。

でも、これまでの関係に執着してしまう場合があります。魂では完了しているのに心では抵抗しているのです。

その場合には離れざるを得ないシンクロがたくさん起きます。心では寂しいとか悲しいとか感じるかもしれませんが魂はわかっています。

ときには、一度は離れても、また同じ相手と「新しい冒険」を始めることもあります。いずれにせよ、**つながる運命の相手とはつながり、離れるタイミングでは離れます**ので、運命というシンクロを信頼しましょう。

◉直接関わらなくても「運命の相手」になる場合がある

たとえば、本やネット、テレビなどで触れた相手が、一生を変えるきっ

かけになることもありますよね。

「あ、この人の言うことは気になる」「なぜか、この存在が引っかかる」

そんなふうに、センサーに反応した相手をフォローしたり、気軽にリアクションしたりしてみましょう。

ときめきが運命を教えてくれます。

どうぞ、運命を見逃さないでください。

目の前の相手には「完全な人たち」が用意されている

さていま、あなたは「ときめく相手」とともにいますか？　打算や妥協、習慣で、仕方なく一緒にいる関係の中で生きているということはありませんか？

いままで話してきたことをくつがえすようですが、そもそも僕たちの身近にいる人たちはすべて「運命の相手」ともいえるのです。

シンクロ・マネジメントの視点からお伝えするならば、「いま」は、すべて運命です。

誰と食事をしていても、誰と話をしていても、誰とケンカしていても、「運命のいま」。

シンクロは「いま」目の前に用意されている、その「いま」としっかりつながり、流れと調和したときに人生を変えていきます。それ以外にはありません。

もしかしたら「この人とは、絶対に何かある!」という相手が現れることはあるかもしれません。

しかしいずれにせよ、その相手との「いま」をしっかりものにしていくという意味では、他の人に接するときと何ら変わりはありません。

そういった意味では、**「運命の相手」は、そこらじゅうにいる**のです。

一緒に仕事する、遊びに行く、一夜をともにする、協力してプロジェクトを立ち上げる、いきなりケンカをふっかけられる……。人生で出会って交流する相手はすべて、ある意味「運命の相手」なのです。

たとえば、**あなたが毎日向かう職場には、シンクロによって完全な人たちが存在しています。**あなたの目の前にいる人も、完璧にそうです。

その運命をどんなストーリーにするか。

いま目の前にいる存在との関係を、どこまで深いものにして、そこから何を得ていくのか、すべては自分次第です。

「もし一緒にいる人が『運命の相手』だったとしたら、本気でつきあう」という姿勢では、あなたがいまいる環境から何かを得ることは大してないでしょう。

一緒にいる人を軽く見て、自分を出し惜しみすることは、すべての運命を逃してしまうこととほぼ等しくなるのです。

その人との関係を浅くするも濃くするも、すべては、本気でどこまで目の前のその人と向き合っていくか、にかかっています。

つまり、運命をものにするためには、逃げで受け身の姿勢ではなく、用意されている「いま」にどれだけ全力でぶつかっていけるかが問われるのです。

心が目覚めると、お金の見え方も変わる

心の感覚を目覚めさせることで、人との関係も変わりますが、じつは、「お金との関係」も変わります。

お金は、必ず人を介して出入りしていきます。だから**お金との関係には、僕たちが人とどんな関係を築いているかということがあらわれます。**

そして、お金との関係は、この三次元においては人間関係よりもはっきりと「数字」という形であらわれるため、逃げずに向き合うことで、**現実に起きている問題や課題を浮き彫りにしてくれる**ものなのです。

心を構成する信念、未来ビジョンという世界観によって、人生が作られるお話をし

ました。

お金について、つぎのような信念、未来ビジョンをもっている人は多いのではないでしょうか。

・お金は、がまんして稼がなければならない。苦労や努力なしでは稼げない
・世の中の富は一定で、一部のお金持ちが経済を牛耳っている
・手元のお金をしっかり守らなければ、経済的に安定しない
・お金持ちより、お金のない人のほうが美しい生き方をしている
・顧客に高額の報酬をもらうのは、相手から奪っていることになる

これらはすべて、思い違いです。そして**その根底にあるのは、お金への嫌悪感や罪悪感です。**

お金に対する嫌悪感や罪悪感があると、お金を通した現実に対しても向き合うことができなくなります。

そして、いつまでも現実を動かすシンクロやインスピレーションを逃しつづけるこ

とになります。

どんなに素晴らしいシンクロがあなたを豊かな未来へ後押ししても、現実から逃げている限りはその波に乗ることがむずかしいのです。

まず**「私は豊かさを受け取る」と決めてください。**それは、あなたが豊かさに向けてのシンクロとインスピレーションをキャッチするきっかけになります。

知っておいていただきたいのは、**あなたに入ってくるお金の流れは「あなたが幸せや笑顔を生んだ総量」で決まる**ということです。

あなたの仕事を通して誰かの幸せが増えれば増えるほど、笑顔をたくさん生めば生むほど、入ってくるお金の流れは太くなり加速します。

労働時間や努力の量は関係ありません。

長時間がまんして一生懸命働いたとしても、その仕事がそれほど誰かの幸せにつながるものでなければ、お金は入ってこないでしょう。

「必要とされているけれど、まだないもの」にお金は流れてくる

僕もサラリーマン時代、お金持ちになるためには、必死で働かなければならないと思っていました。富の総量は決まっていて、競争相手と「パイの奪い合い」をしているという感覚でいました。

そうではないと気づいたのは、自分で新しい仕事を生み出し、多くの方に喜んでいただけるようになってからです。

僕のアイデアや経験を分かち合い、たくさんの人の人生を変え、**笑顔を増やせば増やすほど、その笑顔がお金という形で返ってきました。**

それどころか、労働時間をどんどん減らしても、生み出したものが多くの人の幸せ、喜び、楽しみにつながれば、より多くの豊かさが流れてくると知ったのです。

さらには、お金は**「世の中で必要とされているけれど、まだないもの」を形にした人に**

より多く流れてくるとわかったのです。

アップル社創設者のスティーブ・ジョブズ氏はこんなことを言っています。

「『顧客が望むモノを提供しろ』と言う人もいる。僕の考え方は違う。顧客が今後、なにを望むようになるのか、それを顧客本人よりも早くつかむのが僕らの仕事なんだ。（中略）欲しいモノを見せてあげなければ、みんな、それが欲しいなんてわからないんだ。だから僕は市場調査に頼らない。歴史のページにまだ書かれていないことを読み取るのが僕らの仕事なんだ」

「iPhone」や「Mac」といったアップル社の製品は、革新的なだけでなく、僕たちのライフスタイルを大きく変えています。

それは、**世界中の人がつながっている意識の場、シンクロ・フィールドから受け取ったインスピレーションを、製品という形にしたから**なのではないでしょうか？

多くの人がその製品を「待っていた」から大ヒットし、手にしたときに、ときめきというインスピレーションを感じたのです。

これは、経営者やクリエーターという特別な立場だからできるという話ではありません。あなたが、どんな立場にいても同じことです。

アップル社でいえば、製品を生み出して世界中で流通させることに関わる**関連会社やスタッフなど、すべての人がいたから実現できたこと**なのです。

さらには、その人たちの家族や友人がいたから、仕事を楽しむことができたということもあるでしょう。

こう考えると、**自分が間接的に関わった人が生み出したものも含めて「私たち」が生み出したものなのです。**

大切なことは、自分がその役割に「ときめき」を感じているかどうか、ということです。

仮に、お金がたくさん入ってくる仕事であっても、「ときめき」を感じないのであればしてはいけません。

そういう僕も、「ときめき」を感じない仕事をしたこともあります。
その場合には、お金が入ってきてもどこか苦しかったし、シンクロ・フィールドと切り離されているので、インスピレーションもシンクロもキャッチすることはできませんでした。

自分がときめきを感じる仕事を、ときめきを感じる人と一緒にすることでシンクロとインスピレーションは加速します。

関わる仕事、人間関係、役割をすべて自分がときめきを感じるかどうかで判断することが大切です。
それぞれがときめきを感じる役割に集中し、ときめきを感じる仲間と一緒に生み出したものは世の中にインスピレーションをもたらすことになるでしょう。

使うほどに豊かになれる「お金の使い方」

お金の生み出し方と同じように、いやそれ以上に、お金の使い方も重要です。

使うことに対しても、僕たちはこんな思い込みをもっている場合があります。

「ぜいたくをしてはいけない」「際限なく使ってはいけない」「節約をしなければいけない」「パートナーが稼いだお金を自由に使ってはいけない」

こんな思い込みがある場合には、お金を「正当な理由」があるときだけしか使えません。純粋な「欲しい」「好き」「楽しい」にお金を使うことができなくなるのです。

すると、何かを「欲しい」と感じても、お金を使うことはできません。

欲しいものを買うことができないために、「お金が足りない」と思うようになります。「お金が足りない」と思うから、さらにそんな状況でぜいたくをしようとする自分を抑えることになるのです。

お金の使い道に制限をかけることで、自分の「欲しい」にも制限をかけることになってしまうのです。

これを繰り返していると、「人生に制限をかけるのはお金だ」「お金がもっとあれば自由になれる」と、**人生で起きている不満をお金のせいにするようになってしまいます。**

「お金が足りない」が一日によぎればよぎるほど、自分にはお金がないという気持ちは増していきます。まずは、そう感じる瞬間を減らしていきましょう。

お金を使うときに、自分の「欲しい」という気持ちを大切にするのです。

どんな欲しいを満たしたいのかを観察します。

金額は関係ありません。むしろ、最初は少額から練習することをおすすめします。欲しいの照準が合っていないと、ストレス発散で浪費してしまうからです。

僕がそれを初めてしたのは、ホテルのラウンジのコーヒーでした。1杯1400円。たかだかコーヒーにそんなぜいたくをするなんて……と感じたのですが、どうしても飲みたいと感じる自分がいました。

ドキドキしながら注文して、コーヒーをすすりました。そして、じっくり味わっていきました。味わいや喉越し、カップの感触、椅子の弾力、内装や空間……そこにあるものをすべて感じていったときに、深く満たされる自分を感じました。この体験に1400円という金額は安いと感じました。

支払ったお金は1400円でしたが、2000円、3000円以上の体験を僕にもたらしてくれていたのです。

これがあってから、僕は**お金を使うときにどんな体験が欲しいのか**を意識するようになりました。

そして、十分に味わうことを意識するようになりました。**それを繰り返していくと、いつも支払う以上の豊かさが入ってくるという感覚になっていきました。**

お金を使えば使うほど、豊かさは増していくのです。

さらにそれを続けていくことで「十分にある」という感覚が養われていきます。

「十分にある」という感覚が養われていくと、「お金が足りない」と感じることがなくなっていきました。

実際に、住むところがあって、食べものはいつでも食べられて、エアコンもテレビもあって、ガス代も水道代もすべて支払えています。お金は「ある」のです。

すると、お金が制限になることがなくなりました。

「イタリアに行きたい」と思ったら、フィレンツェでセミナーを企画してくださる方が現れたり、大阪に引っ越した直後に訪問した友人の事務所を格安で借りることができるようになったり、**シンクロで実現することがどんどん増えるようになりました。**

受講生からも、こんな報告が上がってきています。

「お店を開きたいと思ったときに偶然立ち寄ったカフェのオーナーに『空いている部屋があるから使ってくれないか?』と頼まれて、しかも家賃を支払わないで借りられるようになった」

「親戚から予想外のお金をもらうことになり、それがちょうど買おうと思っていたものとピッタリ合う金額だった」

「自分の仕事の依頼を断ったら、旦那さんの給料が月10万円上がった」

……などなど、シンクロで欲しいと思っていたものが手に入るようになった人はたくさんいます。

「動かせるお金」の範囲は、どこまでも大きくすることができる

自分の財布や貯金だけを、自分の資産だと見る必要はないのです。

お金の枠が大きくなると、いろいろな形で豊かさが入ってきていることを感じることができるようになるのです。

「動かせるお金」の範囲は、どこまでも大きくすることができるのです。

それを理解すればするほど、お金のめぐりがよくなっていきます。

本当に大切なのは、「お金の流れ」があるかどうかです。

収入や貯金を見るのでなく、お金の流れを意識してください。

本来お金は、使うことによって自分を豊かにし、また相手も、豊かにしてくれるものです。

僕たちがお金を使うと、受け取る人たちにお金が流れていきますね。すると受け取った人たちもまたお金を使います。さらに流れていくということです。

そうやってお金が循環していけば、みんなが豊かになっていきます。その循環が速いことを「好景気」といいます。

では、どんな意図でお金を使い、循環させていけばいいのか。

「あなたが心地いいと感じること、望む未来へつながること、流れていった先にいる人たちが豊かになること、めぐりめぐって世界の豊かさへつながること」を、イメージすればいいのです。

そう、この章でお話ししてきた心の感覚を目覚めさせる「ときめき」ですね。

そのような使い方をしたとき、お金への感謝も生まれ、豊かさへのシンクロが起こりはじめます。


本当は、僕たちはとても豊かなのです。

たとえば、**あなたが会社員だとしたら、あなたの「資産」は、毎月の給料や預金だけではありません。**

あなたが会社で使っている経費、プロジェクトの予算、過ごしているスペースや備品、一緒に働く同僚や上司、部下のスキル、すべてあなたが「使えるもの」ですよね。もっというなら、**取引先の技術や人材、社会のインフラもあなたの「資産」です。**

もちろん、あなたがいまいるポジションによって、決裁権はそれぞれでしょう。

でも、こんな視点で見渡してみたら、**いま思っている何倍もの「資産」を僕たちがもっていたことがわかる**はずです。


それは、お金や仕事に関して、個人の収入、個人の作業、自分の出した売上や利益という自分個人の枠を超えるということです。

自分とつながるすべての人たちとともに生み出した豊かさ、幸せ、笑顔など、富の総体という視点をもつということです。

自分の給料や預金だけを「自分の資産」と見なくなったとき、つまり**「私たちの資産」へ意識を届けることができるようになったとき、ともに生み出して、分かち合うことができるようになる**のです。

そうなれば、「誰かが儲《もう》かったら自分が損する」なんて、あり得ないということがわかります。

自分の取り分だけを見ているから、損した気分になるだけです。

自分が関わる組織、地域、国が豊かになっているということは、そこにつながる自分も当然豊かであるということです。

そして、ときめきを感じる人たちと一緒に生きると決めたとき、出会いがシンクロの中に起こり、生み出されるものはインスピレーションに満ちたものとなります。

4章

自分の「ミッション」を生きるための魂の目覚め

シンクロ・マネジメント STEP3

さまざまな分野で進む魂の研究

シンクロ・マネジメントの最終STEPは、魂の感覚を目覚めさせることです。

魂というと見えない世界の分野なので、少し抵抗がある方もいるかもしれません。

ですが、**この50年ほどで、さまざまな領域の専門家が研究成果を発表しているのです。**

たとえば、トロント大学のジョエル・L・ホイットン主任教授など、数々の精神科医が何千人もの人へ退行催眠を行っています。

その結果、**「魂の記憶」のようなものが存在するとしかいえない**という結論を導いています。

また、脳神経外科医エベン・アレグザンダー氏は、脳が停止した自身の体験と専門家としての視点から、**意識は脳が生み出したものではなく、「魂」のような存在があることを認めないと説明ができない現象があると**言っています。

さらに、アリゾナ大学名誉教授のスチュアート・ハメロフ博士は、**魂とは宇宙につながる量子コンピューターで、さらに意識は宇宙全体に存在している可能性がある**とまで述べています。

彼らだけでなく、物理学、脳科学、認知科学、遺伝子研究、生物学、医療など、幅広い分野で、**肉体とは別の意識「魂」の存在を認めなければ説明がむずかしい**という流れが加速しているのです。

アレグザンダー医師の著作『プルーフ・オブ・ヘヴン』の中で、博士の言葉として次のようなことが紹介されています。

「物質世界とその時空は巧みに組み立てられた幻想であって、そのおおもとにあるものは、神聖なひとつの意識である。意識は脳の活動に伴う現象ではない。物質世界とそこで見えているものの上位にあり、外から物質世界を支える、それよりはるかに豊かなもの」

わかりやすく言い換えると、**僕たちのいる世界はただの「幻想」であり、「神聖な意識」がこの物質世界を支えているということです。**

このようなことは、もともと精神世界やスピリチュアルなど「見えない世界」を専門に扱っている分野でいわれていることでした。

それが、物理学など「見える世界」を専門に扱っている分野でもいわれるようになってきています。

魂の意識が目覚めると、人生が加速しうまくいく

では、シンクロ・マネジメントの視点からお伝えしましょう。

先ほどのアレグザンダー医師の言う**「神聖なひとつの意識」というのは、まさにシンクロ・フィールドのこと**なのです。

そこから、分かれてこの世界にやってきているのが、もともと同じひとつの意識で

ある「魂」なのです。

同じものであるため、魂はシンクロ・フィールドにアクセスできます。

そして、同じ見えない世界であるシンクロ・フィールドと、見える世界である「現実世界」をつないでいます。

ですが、「魂」は「現実世界」には直接アクセスできません。

だから、現実世界で生きるために、僕らは肉体をもって生まれてきています。

いままでお話ししてきた、この見える世界に存在する「体」と「心」を通して**シンクロ・フィールドへ情報を運んだり、インスピレーションやシンクロとしてサインを送ったりする**のです。

すると、**「運命の相手」に出会えたり、欲しかったものがやってきたり、ふと思い立って行った場所でラッキーな出来事に遭遇したりする**ようになります。

または、仕事を通して自分のやりたいことを表現でき、**お金が潤沢に入る**ようにな

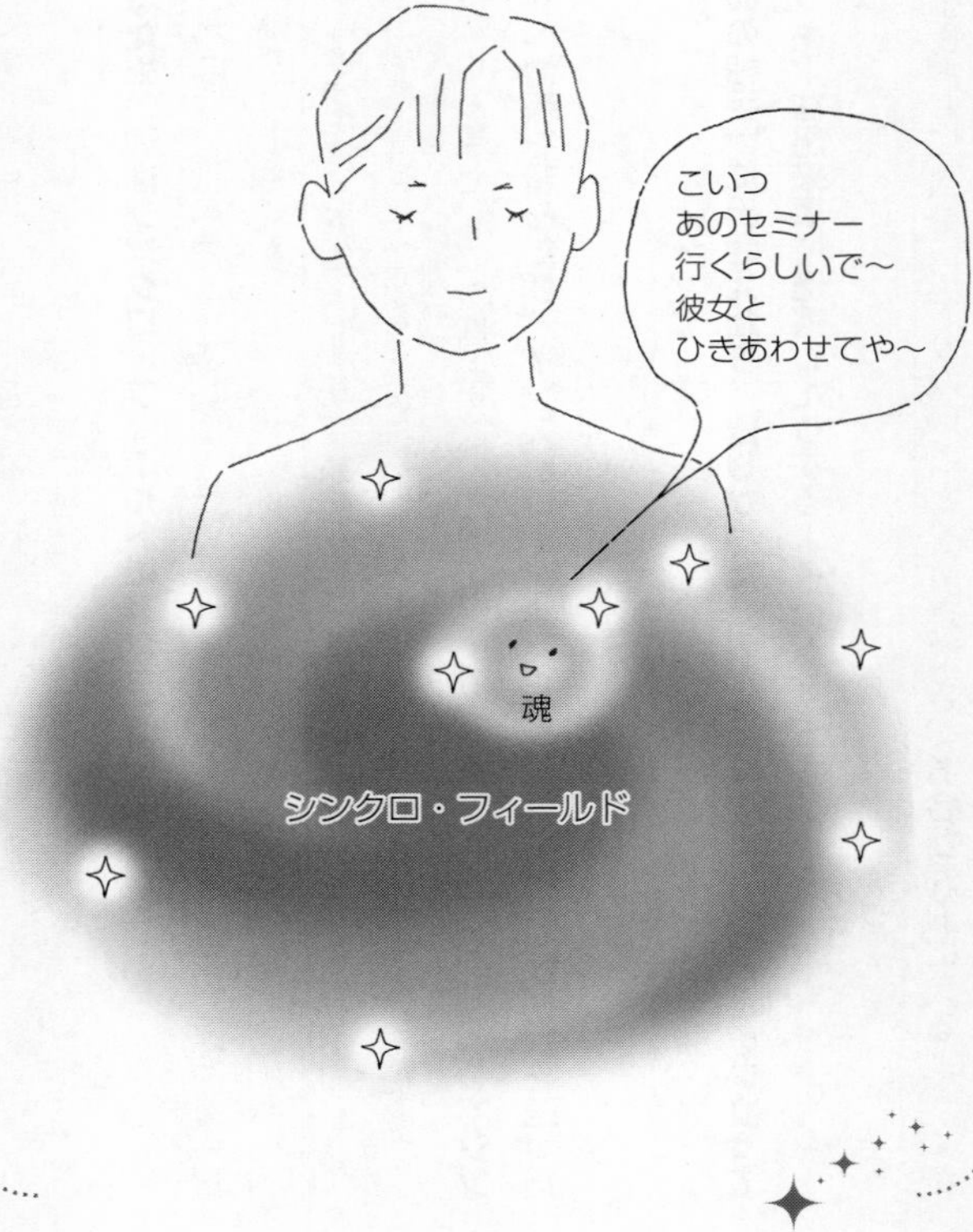
こいつ
あのセミナー
行くらしいで～
彼女と
ひきあわせてや～
魂
シンクロ・フィールド

ったり、ずっと望んでいた環境に身を置くことができるようになったり、人間関係がスムーズにいくようになったりします。

一言でいうと、人生が加速し、うまく進みはじめます。

しかし、誤解をおそれずにいえば、物質的に豊かになったり、望みがかなったりすることは、シンクロ・マネジメントの「おまけ」の部分でしかありません。

魂の感覚を目覚めさせることで、なぜ魂がひとつの意識であるシンクロ・フィールドから分かれ、この世界にやってきたかということに気づきます。

つまりそれこそが、**僕たち自身が生まれる前に魂が決めてきた「人生の設計図」を生きるということ**です。

世界のすべては「ひとつの意識」

魂の感覚を目覚めさせるために重要なのは、この世界のそもそもの「あり方」を知ることです。

僕たちの体や部屋にあるものなど、宇宙に存在するあらゆる物質を拡大していくと、素粒子という小さな粒になります。素粒子と素粒子は離れて存在しています。

この宇宙のあらゆる物質は、実際には境界線のない「ひとつの広大な空間」なのです。

僕たちの目から見えるもの、触れているように感じるものも、思いっ切り拡大していくと、実体のあるものなど存在しない、空間です。

ちなみに、先ほど例に出したアレグザンダー医師も「物質世界とその時空は巧みに組み立てられた幻想」と、この世界のことを言っていますね。

そう、じつはこの世界は幻想です。

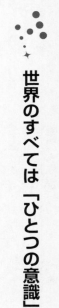

本来は、「ひとつの意識」だけなのです。「ひとつの意識」である、シンクロ・フィールドしかないのです。

これを、**ノン・デュアリティ（非二元論）**ということもあります。

自分や他者という存在はなく、すべては本来ひとつだという概念です。ワンネスともいわれます。

また、僕たちが覚醒やさとりの体験を得ると、「本来この世界はひとつだった！」「すべては幻想で、実体はなかった！」という意識の状態になります。

もちろん、さとりの状態になっていただかなくても大丈夫です（笑）。

ただ、この世界はひとつだということを知り、そのうえで**自分と他者を分離させている「エゴ」について知っていただきたいのです。**

それは、魂の感覚を目覚めさせることにつながります。

本来、僕たちは生まれたばかりの赤ちゃんのときには、この世界はひとつだと感じていました。自分と他者の境界線はなく、すべてはひとつでした。

しかし、この地球で時間を過ごし、さまざまなものを認識していく過程で**「自分」と「それ以外」の境界線ができます。**自分と空間、天井、壁、床、お母さんやお父さんなどの自分以外の人、食べもの、オモチャ……。

さらに赤ちゃんは、育つ過程で認識したものを分類し、**それぞれのかたまりにラベルを貼り、さらに、好き嫌いをくっつけます。**

そうやって、一つひとつを自分から分離させながら、自己を確立していくのです。

その過程で、**他者との比較が生まれ、自分という個性が生まれます。**

そして、いつしか「他者より優れている自分」を求めるようになっていきます。

そう、「エゴ」が生まれるのです。

たぶん多くの人は、エゴについてこう思っているはずです。

「エゴって、利己主義で自分勝手な考え方のことじゃないの?」「自己主張が強いことだよね?」「エゴは、なるべくなくしたほうがいいんだよね」……。

すべて誤解です。エゴは、**一人ひとりを個人として存在させているもの。**自分を自分たらしめているものです。

ちなみに、エゴの性質をまとめると、つぎの3つになります。

1、存在したいという性質
2、自分が存在するために、自分以外を必要とする性質（自分と他者を作り出す）
3、自分にも、自分以外にもラベルを貼る性質（自分と他者にラベルを貼って存在を実体化させていく）

エゴがあるから愛し合える

なぜエゴが生まれ、他者と自分を分離するのか。

それは、分離しているから、**他者と愛し合え、さらには、個性やオリジナルも生み出せ**

るのです。

完全にエゴがなくなり、分離がなくなってしまうと、記憶喪失のような状態になってしまいます。ちなみに、「私はさとった」「覚醒した」というのは、**「そのような体験があった記憶がある」というだけ**です。

ですから、エゴも分離も、けっして「悪者」ではないのです。

それどころか、この三次元を楽しむためには必要なのです。

ただし、分離した世界である現実世界にとらわれると、苦しむようになります。

僕も、油断するとエゴによる分離の世界に苦しめられます。

たとえば、「誰かに責められていると感じて、身を守っているとき」「自信を失って、何かしなきゃと焦っているとき」などです。

でも、エゴの性質に気づいてからは、**分離していない赤ちゃんの感覚で、自由に感じ、また大人までに培ってきた、さまざまな法則やルール、技術を使いこなすという両面を活用**するようにしています。

他者との比較や自己卑下、罪悪感などを生むエゴに翻弄されるときは、体のセンサーの調子が悪いときです。

こういうときの、インスピレーションは、かなりあやしいですね。自分を誇示するためのアイデアとか、自己重要感を満たすような企画が浮かびます。

2章のSTEP1に戻って、**自分の「五感」の心地よさを大事にしてください。**

僕は、その場合、早く寝る。温泉に行く。家族とゆっくり過ごすということをやります。

エゴと魂をシンクロさせると使命を表現できる

個別の肉体がある以上、エゴは存在します。

そしてエゴは、自分のアイデンティティを確立させ、自分がどう存在するかを規定します。

エゴに振りまわされるのではなく、上手に利用すれば、**自分の存在を自由にデザインして人生を楽しむことができる**のです。

僕たちにエゴがあるからこそ、個性があり、そしてそれぞれの強みを発揮した「専門家」も生まれます。

これは、生まれる前の人生設計とリンクし、その人の「使命」「ミッション」につながるのです。つまり、**エゴが存在するからこそ、それぞれの使命を果たすことができる**のです。

生まれもった使命を果たすために、シンクロ・フィールドからインスピレーションがやってきます。

インスピレーションは、エゴを超えたシンクロ・フィールドからきます。

でも、それをこの世界で実現するときには、エゴを十分活用する必要があります。

正確にいえば、**エゴを使わないとこの現実世界ではインスピレーションを形にすることはできません。**

やってきたインスピレーションは、エゴというその人の個性を通して、ときに、画期的なビジネスシステムになったり、映画や本、芸術作品になったりするのです。

魂がこの世界で表現したい願いをかなえるものこそが、エゴなのです。

「使命」とは、そもそも何なのか?

使命（天命、ミッション）についても、誤解を解いておく必要があるでしょう。

使命とは、社会的に意義がある仕事をしたり、クリエイティブな職業に従事したりすることではありません。多くの人に影響を与える仕事をすることでも、有名アーティストや一流ビジネスマンになって、評価されることでもありません。

また、天に与えられた特別な仕事、生産的な活動でもなければ、「世のため」「人のため」に、個人の欲望を排除した崇高な活動をすることでもありません。

では、使命とは何か。僕がいままでの経験からつかんだ答えはこうです。**本当の自分がやろうと決めてきたこと、体験したいと思ったことを、生涯かけてただやること。**つまり、人生の設計図をただ生きることです。

だからといって、「自分が設定してきた設計図とは何だろう」「使命を探さなきゃ」と悩まないでください。また、「設計図を生きられる自分になるよう努力しなきゃ」と焦らないでください。

設計図の中身を知ろうとしなくてもいいのです。

なぜなら、STEP3までたどりついた**あなたの「いま」の反応が、設計図からの反応**だからです。

自分の心と体を大事にして、社会の中で生きている自分を意識しながら、わいてきたインスピレーションを淡々と受け取る。フッとわき上がった感覚を、ありのままに感じ取るようにしていく。それで完璧です。

そうすると、いまあなたがやろうとしていることが、設計図と重なっていれば、心は喜びやときめきを感じるでしょう。**「自分探し」や「使命探し」について考える暇なん**

てないほど、毎日が楽しく充実していくでしょう。

逆に、あなたが「本当の自分」と違う方向へ行こうとしているのなら、大切なものを見失った感覚や違和感を覚えるでしょう。

信頼してください。自分から不純物を取り除いて、シンクロ・フィールドから送られるインスピレーションをただ受け取れば、あなたが魂の設計図から外れることはありません。

使命は「ただ楽しむだけ」の人もいる

使命は特別な職業や役割でもなんでもない。人生の設計図を生きること。

このことを僕に教えてくれたのは、数多くの受講生やクライアントのみなさんでした。

セミナーやセッションで受講生・クライアントがシンクロ・フィールドにつながっ

たとき、その人の使命をインスピレーションで受け取って話し始める。

その中には、こんな使命をもつ人もとても多かったのです。

「ただ、この地球を楽しみにきた」

「この人生で、あらゆる体験をしようと決めてきた」

「楽しむために、遊ぶために生まれてきた」……。

このような使命と触れるたびに、**僕たちが使命を生きていない時間は一瞬たりともない**という確信を得てきたのです。

また、ときには、「使命をいまは知らなくていい」というインスピレーションを受け取ることもあります。**「知らないでいまの状況を生きるのが大切だよ」**というような意味です。

たしかに、推理小説のラストは知らなくても、「どうなるだろう?」「鍵となる人物は誰だろう?」と、話の展開が楽しいですよね。

ですので、**使命を知るというより、「あるという確信」が大切**なのです。

僕たちは24時間「使命」を生きている

たまに、「自分の使命がわかったら、本気で生きられるような気がします」と言う人がいますが、それがわかっていようがいまいが、まったく関係ありません。

だって、僕たちはどんなときも使命の中にいるのだから。使命を生きていないときがないのだから。

24時間何をしていても、あなたは使命を生きています。

あなたが生きていることそのものが、使命であり、ミッションです。

なんだかピンとこないなと思ったら、映画を思い出してください。

たとえば、ある人の生涯を描いた映画があったとします。その人が使命を生きたのは、クライマックスの10分間だけだと思いますか？　おそらく、オープニングからどのシーンを切り取っても、主人公の使命と関係があるはずです。

僕たちの人生もそれと同じです。

映画に使命とつながっていない瞬間がないのと一緒で、**どこで何をしていても、「使命でない時間」はありません。**

だって、人生の経験の総体が使命なのだから。

このことがわかると、同時に、シンクロのとらえ方がわかります。

シンクロ・フィールドは常にどんなときも僕たちとつながっています。インスピレーションやシンクロは一日中やってきます。

ふとつけたテレビの情報からインスピレーションがわいたり、思い立ってたまたま遊びに行ったところで人生を変える出会いがあったり……。

使命と関わりがあるのは仕事をしているときだけだと思っていたら、そんなシンクロをキャッチできません。**人生のすべてが使命を生きることと思っていれば、どんなときもオープンで、インスピレーションやシンクロをキャッチできる**のです。

くつろぎの中の「いまここ」が魂につながる

たまに見かけるのですが、使命を探しているように見えて、じつは「使命を生きて、人に認められる自分」になりたいという思いにとらわれているケースもあります。

身もフタもない言い方ですが、人から「すごいね」「偉いわね」と思われたいのです。

こんな人は、本当の自分が生きようとした使命ではなく、社会的評価が高かったり、華やかだったりする仕事を求めていることが多いようです。

これは、使命探しにはまってしまう人に共通する傾向かもしれません。

この場合、使命探しよりも先に、まずやらなければならないことがあります。

それは、STEP1、STEP2に戻り**無価値感を癒やすこと**です。

人から認められたいという思いの裏側には、「自分には価値がない」「普通の自分だったら、つまらない人生しか生きられない」という思い込みがあるのです。

逆にいえば、使命さえ見つかれば、いまの生きがいのない人生が180度変わって、使命を達成するための仕事に就けて、どんどんお金が入って、社会的名声も得て、やりたいことがすべてできると思い込んでいるのです。

でも**使命そのものは、生まれたそのときから始まっています。**

いまのあなたの人生そのものです。わざわざ探す必要などありません。

あなたの目の前にあるいまの生活、いまの仕事、いまの人間関係。そこ以外にあなたの使命を生きる場所はないのです。

いまこのときの体験を味わうことが、あなたの使命です。

ダラダラしたり、ネットをぼんやり見たりしているときは使命を生きていない。だから、怠けたり遊んだりしてばかりいたら、使命につながらない。これも、まったくの勘違いです。

何をしていようと、どんな状況にあろうと、僕たちはいつでも使命の中に存在しています。

この感覚が豊かになればなるほど、「いまここ」への信頼が生まれます。

そして、いつどんな状況でも、くつろいでいられるようになるのです。

なぜ、くつろぎが得られるかというと、自分自身の中心とつながるからです。

普段の僕たちは、過去や未来、他人のことに忙しく、また、さまざまなものが邪魔をするので、その中心とつながれません。**「いまここ」にいられるようになったとき、初めて、本来の自分である魂につながれます。**

そのとき僕たちの中にやすらぎの感覚が訪れるのです。

僕たちが使命に生きるとき、世界は作られる

使命について、さらに掘り下げていきましょう。

ちょっと極端な見解に聞こえるかもしれませんが、僕は、たとえそれが**社会的にはまったく評価されなかったり、ネガティブな受け取られ方をしたりする生き方だったとしても、その人の使命を生きたのだ**と思っています。

それが、その人の人生の設計図であったのなら、彼らの人生には「意味」があったのです。

あるいは、ごく平凡な人生を生きた人でも、どんな仕事をしていたとしても、宇宙から見たらすべての人が役割を生きている。等しく世界に役立っていると考えます。

繰り返しますが、自分自身の人生を生きること。それが使命です。

そして**僕たちは、すべての人間がシンクロを通して関わり合い、使命を生きながら、共**

同で世界を創造しているのです。

一見するとバラバラな僕たちの人生や体験が、絶妙のタイミングでリンクして、新たな経験や未来が生み出されていくのです。

たとえば、医学の発展に大きく貢献するような発見をした科学者がいたとします。その科学者だけが使命を生きたわけではありません。

彼の研究を支えた研究者や助手、両親や家族、友人、研究室や道具を作った人……**数え切れない人たちがそれぞれに自分自身の使命を生きたからこそ、その研究が成し遂げられたのです。**

たまたま発見者となり、人から称《たた》えられる立場になった科学者は、彼自身が生まれもった設計図に従って生きたからこそ、その立場を得られたのでしょう。

でも、すべての人の使命に、尊い意味があります。そして、同じ価値があるのです。

不思議なからくりがあります。**使命は個人のためのもののはずなのに、不思議と世の**

中や社会のためにも役に立つものになっているのです。

だから、ある意味では「自分のため」に生きれば生きるほど、世の中のためになるということです。

どの人のどんな人生にも意味があり、世界の中での役割があるのです。

僕たちはシンクロ・フィールドでは、もともとつながった存在です。**使命は、一人ひとり固有のものではありますが、同時に、より大きな意識のものでもあるのです。**

一人ひとりが、それぞれの使命に生きる集団になれば、教義やイデオロギーなど「外にあるもの」で縛る組織は自然に消えていくと僕は考えています。

波がきていることを信頼して、目の前のことに打ち込もう

あなたは、どんな人生を歩んできたでしょうか？

ときには、「つらかったこと」「恥ずかしかったこと」「傷ついたこと」があったかもしれません。

でも、**それもじつはあなたの使命を生きたあかし**なのです。

これから、素晴らしい未来につながる点になるかもしれないのです。


すべては「いま」「目の前」から始まります。

目の前のあなたの使命を生きてください。

体の感覚を目覚めさせ自分とつながり、心の感覚を目覚めさせ人とつながることで、数々のインスピレーションやシンクロをキャッチできるようになるのですから。


僕自身も、目の前のことにひたすら取り組んでいるうちに、「偶然」が重なって、いまに至ります。

振り返ると、**いままでやってきたこと「すべて」が、現在の活動につながっています。**

僕が教えている「LDM（ライフ・デザイン・メソッド）」のしくみを構築するには、システムエンジニア時代に培ったプログラミングのセンスが役立ちました。画家になろうと必死に勉強したことが、サイトや資料などを作成する際の色彩感覚やデザイン感覚を養いました。心理学やコーチングなど50種類以上ものセミナーや講座に通ったことも、もちろん必要なことでした。

好きな絵を描くように人生をデザインする「LDM（ライフ・デザイン・メソッド）」というしくみこそ、じつは**僕がずっとやりたいと思ってきたことをすべて統合して、できあがったもの**なのです。

この地球で生きている人は、全員が何らかの使命や役割をもっているという事実を信頼して生活してください。

それでも、何も手がかりがないと感じるならば、**「いま」やりたいこと、「この瞬間」すべきことをやっていきながら、インスピレーションのセンサーを磨くのです。**

そして、シンクロをキャッチし、さらに「いま」やりたいことに集中していくのです。いま、あなたの目の前にあるものが、本当の運命なのです。

使命の特徴7つのまとめ

ここで、使命についてよりわかりやすくまとめました。参考にしてみてください。

【その1】使命とは、**一人ひとりがもって生まれた役割や存在理由**です。必ず誰にでも存在しています。

【その2】多くの場合、**使命につながる活動や行動は、ポジティブな感覚や感情をもたらします。**使命は、インスピレーションを通じて、ワクワクするような感覚をもたらし、「いま」「この瞬間」のあなたの役割や人生の方向性を常に伝えています。

【その3】使命は「外側」にあるものではなく、「内側」にあります。たとえば、あるときあなたが何かを紙に書き出したとしたら、それは「その瞬間の使命」の一部が、インスピレーションとして現れてきたものです。

いつも、自分の内側を観察するようにしましょう。

【その4】使命は、活動の内容とは関係ありません。「世の中のため」「誰かのため」「貢献」「偉大なもの」「崇高なもの」などの条件も一切ありません。**どんな瞬間でも、何をしていたとしても、あなたは使命の中にいます。**

使命は、常にどんな瞬間にも存在し、あなたを自然と導いています。

また、使命とは、高収入や名声を追い求めることでもありません。しかし、使命を生きると、結果的にそれを得る可能性が高くなります。

【その5】使命は、その瞬間のインスピレーションによってもたらされます。そのインスピレーションによって、自分の使命を思い出したあなた自身が、本来の自分を表現しはじめるのです。**本来のあなたを表現すればするほど、使命は自然と周囲に向かって表現されていきます。**

【その6】もし、使命がわからず、**その手がかりもないような感覚があるときは、「目の前のこと」に打ち込んでください。**目の前にあることが、結果的に使命につながっているのだと信じるのです。

使命のすべてを理解することはできません。意外な体験が、あなたにとって必要な学びをもたらす場合もあります。ある瞬間においては、「何が使命なのかわからない」ということそのものに、意味がある場合もあるからです。

【その7】使命は「愛」に基づいています。生命という愛の源泉からもたらされているからです。つまり、**使命に生きる、あなた自身を生きるという**

ことは、「愛を表現する」ことともいえるのです。

過去の点と点が未来で結びつくとき

これまでのあなたにとって、一つひとつのシンクロは、まったく別の場所で別のタイミングで起きているように見えたかもしれません。

でも、すべてのシンクロがつながっています。そして、ひとつの流れを作っています。それは**あなたが、人生の設計図を生きられるように導く流れ**です。

アップル社の創設者スティーブ・ジョブズ氏は、こう言っています。

「未来に先回りして、点と点をつなげて見ることはできない、君たちにできるのは過去を振り返ってつなげることだけなんだ。だからこそ、バラバラの点であっても将来それが何らかのかたちで必ずつながっていくと、信じなくてはならない。

自分の根性、運命、人生、カルマ……何でもいい、とにかく信じること。点と点が自分の歩んでいく道の途上のどこかで、必ずひとつにつながっていく。そう信じることで、君たちは確信を持って己の心のおもむくまま生きていくことができる」


点と点、つまりシンクロとシンクロをつなげるとは、どういうことでしょう。

たとえば、「運命の相手」だと思える3人の人物と、違う場所とタイミングで出会ったとします。それぞれは、まったく無関係に思えるかもしれません。

でもじつは、**すべて関係し合って、ベストなタイミングであなたと出会っているのです。**


ここに意識を向けたときに見えはじめるのが、シンクロの「流れ」です。

シンクロが作り出している人生の流れを読み解けるようになっていくと、過去の出会いや出来事が、すべて意味があって起きたことだとわかるのです。

また、将来の展開が予想できたり、予兆を感じたりすることも増えてきます。

違和感を大事にすれば、本来の人生に軌道修正される

先ほどお話ししたように、夢をかなえ、周囲からは「成功者」と呼ばれても、心のどこかに違和感を覚える人は多くいます。

その原因は明らかです。本当の自分が描いてきた設計図とは、ズレた現実を生きているうちは、周囲がうらやむような成功を手に入れても、満足感は得られません。

「魂のやりたいこと」は、ごまかしがききません。

あなたが生まれる前に決めてきたことをやっていないと、どんなに成功しているように見えても、いずれ苦しくなってきます。

「何かが違う」「本当はこんなことをやっている場合じゃない」と新たな「使命探し」を始め、迷走してしまうことも、ときにはあります。

そのとき、**僕たちがアクセスしなければならないのは、新たな情報や知識ではありません。自分の奥深くにいる「本当の自分」、つまり魂です。**

そこを見ない限り、どんなに外側が豊かになっても、心が満たされることはないのです。

そのとき何ができるのか。「何かが違う」というインスピレーションを、ただありのままに受け取ってください。それは、苦しい作業かもしれません。

しかし、**その苦しみから押し出されるように、人生は次第に本来の歩みたかった道へ軌道修正されていきます。**

「こんなはずじゃない！」という感覚が、内側からあなたに教えているのです。

このとき、反対勢力になるのは、自分の中にある「常識」、「誰かのため、生活のためにがまんしなければ」「いい人でいたい」という意識や、過去に植えつけられた価値観です。

それは、あなたが「いまいる世界」ともいえるものです。

ですが、勇気をもって運命の扉を開いてください。逃げずに、素の自分でやってくるインスピレーションや違和感と対峙《たいじ》しましょう。

この段階では、**「いまいる世界」と「魂のやりたいこと」のどっちを選ぶ？と、シンクロ・フィールドから問いかけられている**ようなものなのです。

では最初から「自分が本当にやりたいこと」を見極めて行動すればいいじゃないかと思うかもしれません。

でもじつは、最初からそこへ一直線に行かないことは、とてもいいことなのです。

「いまいる世界」への違和感が、そのまま自分への問いかけとなり、自分自身を掘り下げていくプロセスの端緒となるのです。

5章

さあ、シンクロを乗りこなし、未知の自分に出会おう

想定外の奇跡は、あなたにも起こる！

本当の自分とつながって、シンクロ・フィールドからインスピレーションを受け取り、シンクロの波に乗ることを楽しむ。

いままで各STEPで学んできましたが、シンクロ・マネジメントの基本は、ただこれだけです。いたってシンプルです。

しかも、基本となるインスピレーションやシンクロ・フィールドは、もともと僕たちの中にあるものです。新しい能力を得るのではありません。ずっと昔からあたりまえのように触れている感覚を思い出すだけでいいのです。

普段からなんとなく受け取っている感覚の中に、じつは**人生の指針や、必要なことが相当含まれています。**だから、それを見逃さない感性を磨けばいいだけです。

でも、あなたはきっとこう思うでしょう。

「いやいや、それがむずかしいんだよ！」

たしかに、僕がいつも横にいて、「それ！　それがインスピレーション！」とか「その、『たまたま』を見逃さないで！」とか言えればいいのですが、さすがにそれはできませんね。

ではどうすれば、日々インスピレーションを受け取って、シンクロを人生に生かせるのか。とっておきの言葉を教えます。

「ピンときたら動く！」です。

ふと思いつくことがあったら、引っかかることがあったら、その感覚に従ってみるのです。

・「あのお店、気になるな」と思ったら、入ってみる
・誰かの顔がふと浮かんだら、連絡を取ってみる
・書店に入って惹《ひ》かれた本があったら、中身を見ずに買ってみる
・帰り道、そのときの感覚でなんとなく気になったルートを歩いてみる
・「この人に会いたい！」と思う人に会ってみる（有名人や面識のない人であれば、

ライブやセミナー、個展などに足を運ぶ。SNSでつながる)

どうですか? 簡単ですよね。

インスピレーションに従って行動していると、**思わぬ偶然の出会いや体験が増えていきます。**感覚が次第に磨かれて、「サイン」や「予兆」もわかってきます。

サインや予兆というと、天からの予言やメッセージが、ある日突然降りてくるような、神がかったイメージがあるかもしれません。

でも、実際にはもっとシンプルなものです。「なんとなくそう感じる」「ふと、こう思う」「ハッとひらめく」。心のアンテナに何かが引っかかる、そんな感覚です。

「あれ、この人とは何かご縁があるかもしれない」

「あ、この場所で面白いことが起きるような気がする」

「ピンときたら動く」を繰り返すうちに、そのサインや予兆が、現実のものとなっていくのです。

そして、インスピレーションと「たまたま」の偶然が現実にどう結びついていくのか、自分なりにつかめるようになっていきます。

具体的な出来事が増えれば増えるほど、シンクロ・フィールドからのサインがこれまでたくさんあったということが見えてきますよ。

そうなると、さらに自分の感覚を信頼できるようになっていきます。

ますますインスピレーションを受け取って、サッと動けるようになっていきます。

経験を積めば積むほど経験値が高くなって、インスピレーションの感覚がわかるようになり、シンクロによって次から次へと予想を超えてすばらしい出来事が増えるようになるのです。

そのスタートは、まず「ピン！」ときたら動いてみるところから。

さあ、「ピン！」ときたら、さっそくやってみましょう。

インスピレーションもシンクロも、「未来」からやってくる

でも、そうやっていくうちに、あなたは「え、何で⁉」と戸惑うようなインスピレーションを受け取ることになるかもしれません。

たとえば、まったく思いもしなかった人のことが気になるようになったり、突然いままでやったことのなかった習い事をしたいとひらめいたり……。

それには、理由があります。

インスピレーションは、未来からやってくるからです。

この三次元の世界、僕たちの現実は、現在から未来へ向かって動いています。

でも、**シンクロ・フィールドからくるインスピレーションは、「設定された未来」から生まれます。**

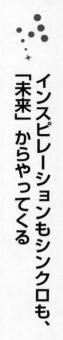

だから、現在にいる僕たちにとって、ときにインスピレーションは唐突なものに思えるのです。

受講生やクライアントさんたちを見ていると、かなり面白いです。

このしくみがわかっているので、どんなインスピレーションがきても動じません。

また、そのインスピレーションによって、よい結果が得られるのかどうかも気にしません。

経験していくうちに、インスピレーションの先にシンクロによってワクワクするような現実が組み立てられることがわかるので、すべてシンクロ・フィールドにおまかせです。

「〇〇へ参加しようというインスピレーションがきたけど、どうせ何か起こるはず」

「とりあえず面白そうだから、よくわからないけどやってみる」

そんな感覚でインスピレーションを実行に移しています。

すぐに、びっくりするような結果が出なくても、それが**いつかつながって、新しい何かが組み上がっていく。**このことを知っているから、ごく自然にインスピレーションに従うことができるのです。

すぐに「こんな」うれしい展開になることもある

もちろん、すぐにうれしい展開に発展する場合も少なくありません。

ここでは、そんな例を紹介しましょう。

織物を生徒さんに教えているEさん。指導する織物サロンのビルで、一度だけ会ったことのある人に数か月ぶりに再会しました。

なんとなくEさんから話しかけたそうです。すると、その方は、超高級糸を扱うお仕事をされていました。

じつは、Eさんが新しい仕入先を開拓しようと思っていた矢先でした。

結果、その話しかけたご縁で、**「とても手が出ないような糸」を、格安で譲っていただ**

けることになったそうです。

Eさんは、**「この人に話しかけてみようとフッと思うときは、たいてい必要な情報がもたらされる**ので、最近は、恥ずかしがらずにガンガンいくようになりました」と、おっしゃっています。

もうひとつ、例を紹介しましょう。

Mさんは、研修講師になりたいと思って会社を辞めました。このとき、研修講師になるためのあてはまったくなかったそうです。

そんなあるとき、「今日はいつもより一本早い電車に乗ろう」と、インスピレーションがわいてきたのです。

そして、その感覚に従って早めに着いた駅のホームで、**中学時代の同級生に10年ぶりに再会。**

そのお友達と話していたら「講座の組み立て方を教えてほしい」という話になりました。Mさんもそのお友達もスケジュールがいっぱいだったのですが、たまたま空いている日がありました。

その日に、Mさんは、お友達とその会社の人を交えてお茶をしながら、講座について説明をしていたら、「あなたが新人研修をしてくれないか」という話になりました。

結果、**5000名のファイナンシャルプランナーが所属している業界最大手の保険会社の研修が、その日のうちに正式に決まったのです！**

いまではMさんは、研修講師としてご活躍しています。

このような感じでインスピレーションを使っていると、思いも寄らないシンクロがやってきます。

すると、それまで気に留めていなかったひらめきを大切にするようになります。その結果、受け取るインスピレーションの量が増えます。

インスピレーションが先走ってキャパを超えそうな場合

ただ、初心者の方には、少しだけ気をつけてほしいことがあります。

インスピレーション通りに動きすぎると、自分自身との不調和が起こりかねないのです。自分の限界を超えて、動きすぎてしまうこともあるのです。

インスピレーションは「本当の自分」が望んでいることなので、基本的にワクワクしますよね。だから、他の何をおいても、すぐに動きたくなってしまいます。

しかしインスピレーションは、**シンクロ・フィールドにある「未来」からやってくるので、あなたという人間の「いま」の生活は考慮されていません。**

つまり、「いま」の体力や、「いま」あなたが抱えているものは、配慮されていないのです。

インスピレーションは、あなたのキャパやおそれや価値感などを無視してやってきます。

だから、「いまの自分」を無視してインスピレーションだけに従おうとすると、自分とインスピレーションとの不調和を起こしてしまう場合もあるのです。

僕も一時期、体調を崩したことがありました。

「いま」を感じているのは、あなたの体です。

だから、毎日の生活そのものは、体の感覚を最優先で意識してください。

そして、**実際に動き出すときには、体の感覚と自分を調和させて動いていきます。**

インスピレーションを行動に移すときに、五感や感情を観察しながらタイミングを見ていくのです。

といっても、ややこしく考えなくてもいいですよ。

そのタイミングすらも、インスピレーションが教えてくれます。

心というフィルターを通して解釈し、体がそのために必要なタイミングで動けるように、自然と準備を整えてくれます。

だから、ただあなたは「インスピレーションは未来からやってくる」ということだけを意識してください。また、ときにシンクロ・マネジメントのＳＴＥＰ１、２を意識してください。

そうすると、現在の生活とバランスを取りながら、上手にシンクロの波に乗っていけるはずですから。

シンクロの波に乗りつづけるには？

シンクロと自分を調和させていくときには、インスピレーションを受けとめて形にする力「インスピレーション力」が重要です。

そのためには、つぎの3つの要素がきっと役立ちます。

インスピレーションを「信頼する」「理解する」「実践する」の3要素です。

インスピレーション力をつける最初の一歩。それは、「信頼」です。

自分の感覚を「信頼」する。いま起きている出来事が完璧であると信頼する。**自分を取り巻いている世界を、自分の運命を、これまで起きてきたことを信頼する。**

あらゆることへの信頼が、インスピレーションを受け取る土台になります。

それは突き詰めると、自分につながっているありとあらゆることを、自分の存在そのものを、信頼するということです。**見えない世界を信頼しているから、見える世界でどんどん動くことができるようになります。**

「理解」と「実践」も、もちろん大事です。インスピレーションを受け取ったとしてもそれを間違って受けとめてしまったり、実践しなかったりしたら、結局は受け取っていないことと同じですよね？

とくに、正しく理解すること。これは重要です。

ここがズレていると、ピンときて即動いているはずなのに、なぜか思うように物事が運ばないということになります。

インスピレーションは、どんなときも、信頼（インスピレーションの源泉）↓理解（インスピレーションの調整）↓実践（インスピレーションの表現）の3ステップで具現化します。

つまり、理解ができていないということは、インスピレーションをうまく調整できていない。調整できていないから、行動しても現実とかみ合わないという事態が起きるのです。

すでに必要なものは完璧に与えられていて、すべてうまくいっている。このことを信頼してください。

それに気づけば、インスピレーションの内容にとらわれたり、その結果に戸惑ったりすることがなくなります。

また、**インスピレーションを信頼すれば、その分、受け取る量が増えます。**

それまで気に留めていなかったひらめきや思いつきを、「これは何を意味しているんだろう?」と大切にするようになり、意識して受け取る機会が増えていくのです。

すると、たとえばインスピレーションを行動に移して、**その結果が期待通りでなくても、あるいは、ショックなものであったとしても、「これもシンクロ」とどっしり構えていられるようになる**のです。

「信頼」「理解」「実践」のプロセスで、先ほどの「『あのお店、気になるな』と思ったら、入ってみる」を分解すると、つぎのようになります。

①道を歩いていたら、なんとなく気になるお店がある（インスピレーション）
②気になるということは、何か意味があるんだろうな（信頼）
③このお店に入れということだな（理解）
④よし、入ろう！（実践）

こんなふうに、日常でインスピレーションがきたら、それを信頼して、すぐ実践するのです。**「信頼→理解→実践」のスピードが速ければ速いほど、シンクロの波に乗りやすくなります。**

そのとき、動いた先、伝えた先、行った先にどうなるかという細かなことは考えません。それが、インスピレーションを信頼しているということです。

この「信頼・理解・実践」のサイクルに乗るためのポイントを、これからお伝えしていきます。

「あ、そうなんだ」と受けとめる

最初のポイントは、「ありのままに受けとめる」こと。

そのために「地に足をつけて生きる」ことです。

「ありのまま」と言われても、むずかしいですか？　では、もっと簡単に言いましょう。**「あ、そうなんだ」と何の判断も加えず受けとめる**ということです。

現実を直視できていないとき、インスピレーションもシンクロもありのままに受けとめることはできません。リアルな「いま」を直視していない状態では、単なる妄想レベルのインスピレーションとなってしまうのです。

また、浮ついた状態でインスピレーションを扱うと、どんなに素晴らしいひらめきがきても、空想で終わってしまいます。

目に見えない世界と現実をつないでくれるインスピレーションやシンクロだからこ

そ、現実からしっかりと見極める必要があります。

つまり、インスピレーションを正しく扱うための最初の一歩でもあり、実践にもっとも重要なポイントでもあるのは、**インスピレーションや予想外のシンクロをブレずに受けとめられるだけ、地に足をつけた生き方をすること**です。

地に足をつけた生き方が、あなたのインスピレーションをありのままに受けとめるための軸や土台となるのです。

そのために、**向き合いたくない現実や状況にもあえて目を向け、いったん受けとめます。**この姿勢を忘れないようにしましょう。

インスピレーションで行動する経験値を積む

小さなひらめきや直感を見逃さないことも大切です。

インスピレーションを無視するのは、未来を閉ざしてしまうことになるのです。
ちょっとしたことでも、とにかくやってみましょう。「こんな簡単なこと？」と思えるようなことでいいんです。いや、**簡単なことがいいんです。**

もし、インスピレーションがきて、それがすごいシンクロにつながるとしても、たとえば、仕事を辞める、結婚（離婚）する、引っ越しするなどの決断をいきなりやるのはハードルが高いですよね。
だから、最初からバンジージャンプをするような、大きな決断はしなくてもいいのです。

ランチに何を食べるか、どんな本を読むか、誰と出かけるかなどは、気軽に決断できます。

そんなところからスタートすればいいのです。こんな感じです。

・面白そうなアイデアが浮かぶ↓すぐ動く
・友達と話していたら、フッと伝えたいことが浮かぶ↓すぐ伝える

・雑誌やネットを見て、「ここに行きたい！」とワクワクする➡すぐ行ってみる

すると、「あのときのインスピレーションが、こんなシンクロにつながった！」という面白い展開があるはずです。

次第に、人生を左右するようなことでも、自信をもってインスピレーションで選んでいけるようになります。

当然、インスピレーションを実行しても、未来へのシンクロにつながるものと、そうでないものがあります。

勇気を出してインスピレーションを行動に移したのに、空振りだったということもあるでしょう。でもそれすらも、シンクロです。長い目で見れば、その行動に必ず何かの「意味」を発見できます。

大事なことは、**とにかくインスピレーションを使う場面を増やすこと、過剰な期待をせず楽しむこと**です。

そして、少しずつインスピレーションで行動する枠を広げ、起こる出来事を観察して経験値を積んでいくことです。

毎日そうやってインスピレーションを使っていくと、**シンクロ・フィールドからの情報が流れやすくなります。**

日々、どんどんインスピレーションがやってきます。そしてそれに従って動けば、シンクロの波がつぎつぎに起こります。

それを細かく拾っていくうちに、ある日ふと振り返ると、思ってもみなかった現実が目の前に広がっているのです。

気軽にいろんな人とつながろう

シンクロの波に乗るために、すぐできることがあります。

気軽にいろんな人とつながりましょう。

ちょっと興味がわいたら声をかけたり、SNSでつながったりして、どんどん友達になっていくのです。

とくに、パートナー募集中の人は、ぜひこれをやってください。

恋愛相手探しでもビジネスパートナー選びでも、「一発勝負」にかけていたら、出会いはなかなか訪れないし、シンクロはいつまでもキャッチできません。

でも、たとえば何かの集まりでちょっと気になった相手を誘って、一緒にお茶でも飲んでみる。そんなスタンスで人とつきあっていくと、シンクロがどんどん起きていきます。

もちろん、一目会って「この人とは、何かある!」と予感が生まれる相手もいれば、そこまで強烈な印象が残らない人もいるでしょう。

でも、**つきあっていくうちに「あ、この人だ!」とわかることもある**のです。

また、その人を介して出会った人が、運命を変える人になるかもしれません。

「運命の相手」を探して「この人かな？」と足踏みしているだけでは、何も始まりません。

ただし、くれぐれも「あとで得になるから」と思考レベルで人とつながろうとしたり、相手の年収や職業によってつきあう人を決めたりしないでください。

きっと、インスピレーションが、肌感覚が合う人を教えてくれますから。

「原因と結果」の関係を考えるのをやめる

シンクロをマネジメントするとき、「外側」に答えを求めるのはやめましょう。

言い換えれば、行動の「結果」や人の「評価」などに、一喜一憂しないということです。

行動の過程や積み重ねのプロセスも、無視してください。

原因と結果の関係を考えるのも、やめてください。

起きた出来事を判断しないと決めてください。

シンクロは、いつもシンクロ・フィールドという未知の領域からやってきます。

それは、**僕たちの知識や判断を軽々と超えているので、人間の頭で中途半端に考えても理解できません。**

大切なのは、内側からやってくるインスピレーションにまず従ってみるということです。

インスピレーションは、いきなり因果関係や脈絡なしにやってくることも多いのです。

突然、長らく会っていない人の顔が浮かぶ、行ったこともない土地がやたら気になりはじめる。自分には縁がないと思っていた習い事を始めたくなる。

そんなふうに、「知らないはずのもの」「わからないはずのもの」「興味がまったくなかったもの」がインスピレーションでやってくることも少なくありません。

受講生のNさんから、こんな話を聞きました。

あるとき、Nさんに「ギリシャ」のイメージが、インスピレーションとして唐突にやってきたそうです。

でも、当時のNさんはギリシャにはまったく興味がありませんでした。

その数日後に空港に行く用事があり、そこで外国人のおじいさんが困っていたのを見かけて、Nさんは助けてあげたそうです。

そのおじいさんは、じつはスイスの富豪だったとか。

Nさんの優しさに感激した富豪は、Nさんをスイスに誘ったそうです。

それだけでなく、**持っていた数十万の日本円をNさんに準備金として渡し、航空チケットまで用意してくれた**のだそうです。

さらに、スイスに着いてみると、スイスとギリシャは協定によって出入国審査がありませんでした。**なんと、ギリシャに行ける状況がそろったのです。**

インスピレーションに従ってもうまくいかなかった４つの理由

思い切ってインスピレーションに従ったのに、期待したほどいいことが起きなかったり、ときには、よくないことが起きたりする場合もあります。

「ワクワクして参加したのに、退屈な会だったばかりか大嫌いな人に会った」

「シンクロの波に乗ろうと、インスピレーション通りに動いているのに、何も起こらない」

「インスピレーションで入ったお店で、不愉快な目に遭った」

こんなケースの原因は、４つあります。

ケース① インスピレーションが本物ではなかった

純粋な直感やひらめきではなかった場合です。

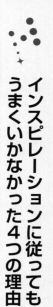

「これをやれば得かもしれない」「いまここに行けば人脈が増える」など、自分に都合のいい面ばかりを見ていた可能性があります。

「ここに行きたい！」「これをやりたい！」というピュアな思いではなく、**不純な動機や期待が混じったインスピレーションから行動しても、うまくいきません。**

インスピレーションによこしまな思いが混じっているときは、体や心に違和感があるので、慣れてくれば自分でもわかるようになります。

ケース② 答えを出すスパンが短すぎる

多くの人は、インスピレーションで動いたら、すぐにいいシンクロが起きてほしいと思います。その気持ちもわかるのですが、シンクロをマネジメントするには長期的な視点が必要です。

小さなインスピレーションを実行して、どんな感覚があったか。どんな出来事に展開したかなど、簡単なメモにして「経過観察」してもいいでしょう。「あのときのあれが、こうなった！」という面白い発見があるはずです。

シンクロ・フィールドからやってくるシンクロは、いまの僕たちが予想できる範囲を軽く超えています。だからあれこれ考えず、**インスピレーションと遊ぶつもりで動いてみましょう。**

ケース③　注意喚起してくれている

たとえば、ここへ行くと体調が悪くなるとか、これをするときは電車の接続が悪いなどのシンクロは、**注意喚起のメッセージが込められている場合があります。**ときには、人生の方向転換をうながしていることもあるので気をつけてみてください。

そのシンクロに反応しないでそのまま動いていると、トラブルや体調不良を引き起こしたり、ときには、病気や事故に遭ったりして、生き方を強制的に変えさせるようなシンクロにつながったりもします。

受講生のTさんは、あるビジネスを始めようとしたのですが、そのために活動するとなぜか体調が悪くなったそうです。

思考では、「このビジネスで成功したい」と思っていたそうですが、「これはやるなというシンクロかも」というインスピレーションに従ったところ、体調は回復し、違う方向でビジネスが展開していったそうです。

日常的に、**僕たちを軌道修正させてくれるシンクロ**は起きています。

たとえば、こんなことはありませんか?

仕事でなぜかミスやトラブルが増えた、物事のタイミングが合わない、特定の人と会おうとしても会えない、なんとなく気分が乗らない……。それこそ、シンクロ・フィールドから送られたサインという場合もあるのです。

「もうその場所はあなたのいる場所じゃないよ」「その人とは別の道を行くタイミングだよ」というサインです。

そんなことが起きたときは、それが起きたときにやってくる感覚、インスピレーションに従ってください。それが、シンクロの流れに乗るということです。

とらえ方が変わったら、「悪いシンクロ」も結局は「いいシンクロ」に変わります。だから、いいシンクロしか起きていないといえるのです。

もちろん、突然会社をクビになったり、大病やケガをしたり、事故に遭ったりしたら、それが、いいシンクロだとはすぐには思えないでしょう。「なぜ私が⁉　納得いかない！」と思うでしょう。

でも、シンクロ・フィールドの起こすこと、つまり、魂が体験したいと思ったことは、人間からすると計りしれないほど深く、広いのです。

ケース④　シンクロが起きたことによって、何か別のものを得ている

あとになって、そのシンクロが他のシンクロと重なり、「あのときはあれでよかったのだ」と思えることもあります。

そこで何かを吸収したり、学習したりしているケースです。

そのときにはわからないけど、新たなものの見方や能力、考え方が身について、それが数年後に飛躍につながることはよくあります。

観察が、「偶然」と「偶然」をつなげる

ケース②の観察することについて、少し補足しましょう。

自分がどのケースなのかを見極めるには、起こる出来事を長期的に観察する視点が必要です。

何もジャッジしないで、「ピンときたら動く」のサイクルを何週間か続け、だいたい1か月後くらいに振り返ってみると、そこにひとつの流れが見えてくるでしょう。

「いま」の自分の感覚を大事にしてください。

インスピレーションを受け取ったら、動いてください。

そして**動いてから、現場で「観察」する**のです。「いい悪い」「好き嫌い」の判断を下さず、起きていること、やってきたものを確認する感覚です。

そこには、たくさんの偶然があるはずです。

その偶然が何につながっていくかを感じるのです。

たとえば、インスピレーションで参加した飲み会で、偶然いる人が、何につながるのか。散歩途中で偶然見かけたポスターに書いてあった言葉が何につながるのか。カフェで偶然聞こえてきた会話が何につながるのか……。それを感じていくのです。

偶然と偶然をつなげたとき、「あ！」とひざを打つような何かが浮かび上がってくることがあります。

「自分のやりたかったことは、これなんだ！」「本当に知りたかったのは、こっちだったんだ！」「問題解決のヒントはここにあったんだ！」と、ある日こんなふうに、見事なシンクロの流れが浮かび上がってくるのです。

一見するとバラバラの点がひとつの線で結ばれ、ストーリーのようにつながる瞬間です。

「点と点」をつなげる力、信頼する力は、シンクロをマネジメントしていくうえで、基礎となる力のひとつです。

ジョブズが大学時代に偶然取ったカリグラフィーの授業が、のちに「Mac」のフォントの元になった話や、リンゴ農園で働いていたことが、アップル社の命名とロゴマークのきっかけになった話はあまりにも有名です。

シンクロ・フィールドは、インスピレーションを通じて僕たちに「点」を教えてくれます。インスピレーションを行動に移すと、現実世界で「点」が具現化します。

その**小さな「点」が集まりつながったとき、シンクロとして見えてくる**のです。

次第に、観察自体が喜びになります。

そして、日々の瞬間、瞬間があざやかに映ります。

自分の体験そのものを喜んで見られれば、それだけでもう、僕たちはミッションを果たしていることになります。

シンクロで遊びながら、あとはシンクロ・フィールドにおまかせしていれば、願った人生へと運ばれていくのです。

自分と世界を信じる「待つ力」を育てよう

さて、「信頼・理解・実践」のサイクルを回しつづけるためのポイントに戻りましょう。

そのサイクルを回すうえで、「待つ力」は僕たちをとても助けてくれます。「待つ力」には、2種類あります。

インスピレーションを実践した後に待つ力。

もうひとつは、**自分に無理をさせず、自然にシンクロが起きるのを待つ力**です。

まず前者の「実践後に待つ力」についてお話しすると、インスピレーションを実践した後は、いったん忘れて粛々と待つということです。

編集者のBさんが典型的な例を教えてくれました。

ある日Bさんが出かけようとしたところ、本棚から1冊の本が落ちてきたのだそうです。ふと、この本を職場に持っていこうとひらめいたので、そのままカバンに入れ出勤しました。その後、Bさんは本の存在をすっかり忘れていました。

そして、3年も経《た》ったある日、担当する本のデザイン案が浮かばず困っていたBさんは、ふとその本のことを思い出しました。

そこで、置きっぱなしにしていた例の本を開いたところ、そこにデザインのヒントとなる画期的な情報があったのだそうです。

つぎに後者の、自分に無理をさせずに待つ力について説明しましょう。

これはちょっと、イメージがむずかしいかもしれないので、具体的な姿勢を挙げますね。

・自分が動いて結果を出すのではなく、生み出されていくことを待つ
・自分が声をかけるのではなく、声をかけられることを待つ
・アイデアを出すのではなく、出てくることを待つ
・出会いを増やすのではなく、出会ってしまうことを待つ

・計画をするのではなく、何かが起きていくことを待つ
・役に立とうとするのではなく、呼ばれることを待つ

単に「動かず、ジッとしていなさい」という話ではありません。

自分を大切にしながら、感覚に従って、粛々とやるべきこと、やりたいことをやる。そして、あとは待つということです。

僕自身、とことん落ち込んだ時期にこの力を意識しはじめました。

このとき、僕がやりたかったことは、「とにかく休む」ということでした。休むといっても、「動きたがり」の僕にはしんどい作業です。

最初のころは、自分が何もせず、まったく動かず、誰の役にも立たないことへの葛藤と不安、焦りと罪悪感がどんどんわいてきました。

でも、**その不安や焦りをとことん感じると、それらが自然に抜けていく**という経験を積み重ねていきました。

すると、いつの間にか「待つ力」が備わってきたのです。

待つ力が備われば備わるほど、自分から何かをするのではなく、**「生まれようとしている未来」からの流れを、インスピレーションで感じられるようになりました。**そして、流れに乗っている感覚がどんどん増していくようになりました。


一番大きな変化は、安心感に包まれるようになってきたことです。

いまどんな出来事があっても、うまくいくようになっている。自分が動こうと動くまいと、その未来への流れに自分は乗っている。

待つ力を育てれば、そんな安心感が訪れます。

いうまでもなく、それを育てるのは**自分への信頼であり、世界への信頼**です。

そして、「待つ力」とはシンクロをうまく生かしていく源になるもので、運命を信頼するベースになるのです。

動けないときは、自分の「制限」を見てみる

インスピレーションに従っていると、途中で戸惑うことがあるかもしれません。

「ここから先は、インスピレーションに従えない」「これ以上インスピレーションに従うのは、抵抗がある」という感覚がやってくることがあるのです。

お金の例がわかりやすいので、買い物で説明しましょう。

たとえば、今後あなたが「○○を買おう」というインスピレーションを受け取ったとき、こんなふうに感じることがあるかもしれません。

「1万円の買い物ならインスピレーション通りに動けるのに、5万円以上になると、躊躇《ちゅうちょ》してしまうな」「新車を買うというインスピレーションがきているけど、何百万円もするし、さすがに無理だな」

これは、**あなたが設けている「制限」**です。

この感覚の裏側には「5万円以上のお金は自由に使ってはいけない」「自分には何百万円もする車をもつ価値はない」という観念があります。

また、旅行でいえば、一泊2万円の宿なら余裕で予約できるけど、5万円以上になるとぜいたくだと思うとか、国内旅行は気軽に出かけるけど、海外旅行は二の足を踏むとか……。

そんな感覚、ありませんか？　人によってレベルはさまざまですが、誰しも何らかの制限はあると思います。


これらの制限の奥を見ていくと、インスピレーションやシンクロの流れを止めていた信念や感情があるのです。


しかしそれらには、何の根拠もありません。単なる思い込み。

あなたが、これまでの人生の中で身につけてきたものです。

そしてその思い込みは、シンクロの波に乗ることを阻害します。

この制限を外すには、まず「自分はこんな制限を設けていた」と気づくことが第一です。

小さなインスピレーションから実践して少しずつ枠を広げながら、自分の制限がどのあたりにあるかを探っていきましょう。

運命の仲間が待っていると知る

インスピレーションは、「心がときめく」「ワクワクする」という感覚を連れてきます。ただ同時に、不安やおそれ、ドキドキ感、戸惑い……。そんな感情もわいてくるはずです。

たとえば、「ずっとあこがれていた人に連絡を取る」「いつもの自分だったら行かない勉強会に参加する」「長年黙っていた本音を言う」というインスピレーションを受け取ったとします。

それを実際にやるとなったら、いろんな感情がわき、尻込みしますすよね。「もしうまくいかなかったらどうしよう」「拒否されたらショックだ」と思うと、やめてしまおうかなと思うのも無理はありません。

それが未知のものであればあるほど、いまの自分の枠を超えるものであればあるほど、そして、本当に欲しいものであればあるほど、怖くて不安でドキドキするでしょう。

シンクロ・フィールドからやってくるインスピレーションは、いつも未知のものだから、ときには理解できず、不安になって当然です。

また実際に、そのインスピレーションに従ってみると、ときには、いまの仲間を全部失ったり、お金がすべてなくなったり、あるいは、社会から放り出されるような感覚になったりする場合もあるでしょう。

でも**「いまもっているものすべてを失ってでもやりたいこと」こそ、本当の自分、あなたの魂がやろうと決めてきたことである可能性が高い**のです。

「本当の自分」は知っています。そのインスピレーションが、自分の設計図を生きることにつながっていると。

未知の世界に向かおうとするとき、あなたは孤独かもしれません。

たったひとりになる感覚の中にいるかもしれません。

でも、それは違います。

飛び込んだ先には「運命の仲間」が待っているのです。


もしあなたが、何か新しいことにチャレンジすることにとまどっているのなら、あなたは自分の「過去」に制限されていることになります。

「あなた（私）にできるはずがない」「あなた（私）が○○をやって成功する確証なんて、どこにもない」。こんなふうに人から言われて、あるいは、自分で自分にツッコミを入れて、インスピレーションを無視してしまう。

もしあなたが、そこで踏み止《とど》まっているのであれば少し考えてほしいのです。

それを言ってくる人は、あなた自身は、誰をイメージして言っているのでしょう？

いまのあなた？　過去のあなた？　未来のあなた？


これまでお話ししてきた通り、インスピレーションがどんなシンクロにつながるのかは、誰にもわかりません。誰も見たことも、聞いたことも、触れたこともない。証明もできない。これから生み出して形にしていくものだから、誰にもうまく説明できないし、やろうとしていることも、簡単にはわかってもらえません。

でも、**インスピレーションを受け取っているのなら、必ず外側で起きるシンクロが待っています。**

「まだ知らないけれど、この世界に飛び込むんだ!」と純粋な思いで動いていると き、そんなあなたに必ずインスパイアされる人がいます。

「過去のあなた」を見て、アドバイスをしてくる方に巻き込まれる必要はありません。

それは、あなたが過去に引っ張られることだから。

過去ではなく、「未来のあなた」にいまのあなたをインスパイアしてもらいましょう。そして、行きたい世界に飛び込んでしまうのです。

それは、あなたが未来に引っ張られるということ。ビジョンやミッションに導かれるということなのです。

「運命の仲間」は、あなたの登場をいつでも待っています。

どんなインスピレーションも、実践してみなければわからない

さあ、あなたは、もうためらう必要はありません。

これからは、自分自身のインスピレーションとシンクロという強力な味方がいます。

どんな時代がきても、何が起きても無敵の「相棒」とつきあう方法を、あなたは手に入れました。

でも、ときどきこんな質問をされて「おやおや⁉」と思うことがあるのです。

「○○というインスピレーションがきたんですが、これに従えば成功しますか？」

ここで、僕の見解をお話ししておきましょう。

答えは、**「やってみなければわからない」**です。

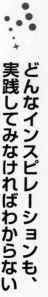

シンクロ・フィールドは、手がかりや方向性を教えてくれます。

でも、「何もしないで、ありとあらゆる道筋を教えてくれる」かというと、そうではありません。受け取ったインスピレーションをいかに理解し、実践して、磨き上げ、シンクロを読み取り、いかにそれに乗るかが大切になってきます。

もちろん、インスピレーションを実践したら、大きなシンクロが巻き起こり、とんとん拍子に話が進み、具体的な形になる場合もあります。でも、やはり具体的な形になるまで、少しずつ磨き上げるプロセスを経ることも多いのです。

そのプロセスを通じて、「インスピレーションを具現化するためには何が必要か?」が見えてきます。

そしてそれは、**「やってみて」初めて見える**ことなのです。

たとえば、インスピレーションで受け取ったアイデアが、実際にビジネスとして形になるためには、磨き上げるプロセスでつぎのような検証が必要になります。

・顧客が実際に購入する「決め手」をつかんでいるか？
・商品やサービスが、いまの顧客と合っているか？
・顧客が具体的な効果を実感できるか？
・価格設定は妥当か？
・顧客が感じている不安を、しっかり解消する工夫をしているか？

さまざまな要素の一つひとつをクリアする必要があり、さらには小さなシンクロを一つひとつ組み込むことに地道に取り組む必要があります。もちろん、インスピレーションやシンクロそのものは、受け取る状態をしっかり整えれば24時間体制でやってきます。

でも、それをただ受け取って終わりにするか、それを具現化できるかは、受け取った人がそれを実践し、継続させられるかにかかってくるのです。

ですから、どんな小さなインスピレーションやシンクロがきっかけであっても、アイデアがわいてきたり、将来のビジョンが浮かんだりしたときには、**それをただ受け**

止めるだけでなく、実際の行動に落とし込み、何度も繰り返し実践しましょう。

そのうちに必ず、インスピレーションやシンクロを具体的に扱うための感覚をつかめるようになります。コツを体得できます。

でもそれは、あなた自身が「やってみなければわからない」のです。

さあ、古い自分の枠を超えていこう！

シンクロの波に乗っていくと、現実が手に負えなくなっていると思うときが、必ずあなたに訪れます。

これまでとは違ったレベルの出来事が起きはじめます。すると、今後どうなるのか、不安なときもあるかもしれません。

でもそれは、**自分の器が大きく成長しているとき**です。

自分ではその現実にとても対応できないように見え不安を感じたとしても、その自分とは、今日まで見てきた「過去の自分」です。自分の認識が起きている状況に追いついていないのです。未知の領域、新しいステージが怖いのです。

そんなときに思い出してほしいのが、あなたにはすでに「実績」があるということです。

どんな人でも、必ず逆境を乗り越えて、いま存在しているという事実です。

そう、あなたには、すでに何十年と人生の出来事を乗り越えてきたという事実、実績があるのです。

新記録を樹立しようとするスポーツ選手を、聴衆は期待の目で見つめます。同じように、僕たちも、自分自身を期待を込めた目で見つめてもいいはずです。

「どうやってこの状況を乗り越えて、新しい自分になるのだろう?」と。

目の前に、あまりにも大きな壁や、とうていこなし切れないほどすごい課題が立ちはだかったとしても、それをどう解決していいかわからなかったとしても、あなたは大丈夫です。

それだけ**自分の器が大きくなり、乗り越える準備が整った**ということですから。

たとえば、もしいま起きていることが、すでに何度も乗り越えているレベルのことだったら、何の感慨もわかないはずですよね。

子どものころは、横断歩道を渡るだけでもドキドキする未知の冒険に満ちていたのに、いま道路を渡ることにときめきを感じる人はいないはずです。

僕たちは、すでに乗り越えた状況に日常が埋めつくされると退屈になります。

そうだとしたら、手に負えない現実であればあるほど、そのように見えれば見えるほどワクワクしていいのではないでしょうか。

乗り越えた先の未来を期待してもいいのではないでしょうか？

「手に負えない現実」なのではなく「未知の領域、新しいステージ」だということです。

それを乗り越えた先に、予想もしなかった世界に生きる自分が必ずいるはずです。

想像してください。

5年前、10年前の「いったい、どうしたらいいのだろう」と、頭を抱えているあなたがもし目の前にいるとしたらどうしますか？

ちゃんと乗り越えられると知っているあなたは、「大丈夫だよ。乗り越えられるよ」と伝えて、見守るのではないでしょうか？

同じように、5年後、10年後のあなたも、いまのあなたに「大丈夫だよ。乗り越えられるよ」と、無言のメッセージを送り届けてくれているのです。

インスピレーションやシンクロは、「未来のあなた」からのメッセージです。**あなたは、自分で思っているよりもずっと大きいのです。**

だから、大きなテーマが目の前にやってくるのです。だからこそ、自分を信じてみてほしい。

そのような大きなテーマを乗り越えられるほど、大きい自分を信じてほしいのです。それを乗り越えたとき、殻を破ったあなたがいることでしょう。

あなたは、大丈夫です。

安心して、シンクロがもたらす壮大な旅、あなたが設定してきた未来へ向かう旅に出発してください。

シンクロが加速すれば、僕たちも世界も輝き出す

◎自分自身を生きているとき、「何か」が生まれる

「一人ひとりが輝いて、その人らしく生きていく」

「すべての赤ちゃんが誕生したときに、『ありがとう』と言われる世界」

別々の場所で受け取ったふたつのインスピレーションがつながったのは、いまの活動を始めたときです。

僕たちは、生を受けるとき、使命をもちます。**この世界でその使命を果たしているとき、魂は喜びを感じ、心はときめき、体も生命力に満ちています。**すべての魂は、この世界をよりよくしたいという思いを一番奥に抱いてやってきます。

自覚するかしないかは別にして、**僕たちが自分自身を生きているとき、世界に笑顔の元となる「何か」が生まれている**のです。

この本で紹介した**「シンクロ・フィールド」を別の言葉に換えると「いのち、愛そのもの」となります。**

シンクロ・フィールドとつながり、魂の喜びを生きているとき、僕たちは「いのち、愛そのもの」のあらわれとして、この世界を遊んでいるのです。

僕たちは一人ひとりがすべて違う、唯一、独自の存在です。

100人いれば100通り、10億人いれば10億通りの生き方が、この世界に存在します。

僕たちという個性を通じ「いのち、愛そのもの」は、無限の表現をすることが可能になったということです。

新しい生命が誕生するとき、この世界にそれまでにない表現が「ひとつ」加わることになる。

だから、ただ生きているだけで僕たちは「ありがとう」と祝福されているのです。

いま、この瞬間にも、世界中で「いのち、愛そのもの」が無数の形を取って表現されています。

そんな僕自身の「ひとつ」を表現したものが、この本です。

思い返せば、僕の人生を導いてくれたものは、そのときどきの1冊の本との出会いでした。

小学生のころから、本を読み始めると完全に入り込んで浸っていました。

作家の生み出した世界の中で自由に想像の翼を広げることが、僕のインスピレーション力を磨いてくれました。

将来に悩んでいるときに出会った1冊は、人の目ばかりを気にして生きてきた僕に自由に生きていいという扉を開いてくれました。

書店にふらっと立ち寄ったときに手にした1冊は、独立を決意するきっかけになりました。その1冊は、いまのパートナーと出会うことへもつながりました。

人生の節々で、**1冊の本との出会いというシンクロがあるのです。**

そして、同じようにこの本が、あなたにとっての「運命の1冊」に加わることができたら、これほどうれしいことはありません。

いま、**この本と出会ったシンクロは、あなたにこれから何をもたらすのでしょうか？**

そのお話を聞ける日を楽しみにしています。

堀内　恭隆

文庫版に寄せて——時代を超えるシンクロの魔法

単行本版の刊行から7年が経ちました。

当時、原稿を何度も読み返し、「これで完璧だ」と自信をもっていました。

あれから、新たな発見も含め、シンクロニシティに対する理解がさらに深まりました。

いま、僕はより強く言えます。

「シンクロを活かせば、人生は想像を超えた面白い展開になります！」と。

時代も大きく動き、半年前には予想もしていなかった変化があたりまえのように起きる日常になってきました。

むしろ「いまだからこそ」、ここで触れている内容が「わかる！」と言う方がとても増えていることを実感しています。

ただ、文庫本にするにあたり、言い回しなどは「いまの感覚」で見ると、細かい表現では気になるところが多々ありました。

それらを一つひとつ修正したところ、その箇所が全部で85ページにわたっていました。それだけより読みやすく、持ち運びやすい形でお手元にお届けします。

さらに、本書を読んでシンクロというのが少し抽象的でつかみづらいとお感じの場合でも、ご安心ください。下記のQRコードから登録していただくと、3日に1回、本書の内容が、メールで届きます。サラッと読めるので「シンクロ」を日々の習慣に落とし込んでくださいませ。

あなたがこのメッセージを読んでいるいま、それ自体がひとつの「シンクロ」かもしれません。この本と共に、あなたの人生もまた、想像を超えるすばらしい展開を迎えることでしょう。

さあ、一緒に新たな旅を始めましょう。

◆参考文献

『PRESIDENT』（２０１０年２．１号、プレジデント社）
『AERA』（２０１４年1月13日増大号、朝日新聞出版）
『［DVD］ポニョはこうして生まれた。～宮崎駿の思考過程～』（制作スタジオジブリ／ウォルト・ディズニー・ジャパン株式会社）
『スティーブ・ジョブズⅠ』（ウォルター・アイザックソン著、井口耕二訳／講談社）
『スティーブ・ジョブズⅡ』（ウォルター・アイザックソン著、井口耕二訳／講談社）
『［完全版］生きがいの創造 スピリチュアルな科学研究から読み解く人生のしくみ』（飯田史彦著／ＰＨＰ研究所）
『ユーザーイリュージョン 意識という幻想』（トール・ノーレットランダーシュ著、柴田裕之訳／紀伊國屋書店）
『プルーフ・オブ・ヘヴン 脳神経外科医が見た死後の世界』（エベン・アレグザンダー著、白川貴子訳／早川書房）
『WIRED vol.14』（『GQ JAPAN』２０１５年1月号増刊、コンデナスト・ジャパン）

本書は二〇一七年五月に小社より出版された『夢をかなえる人のシンクロニシティ・マネジメント』を改題・再編集し、文庫化したものです。

サンマーク文庫

願いがかなうシンクロニシティ

2024年4月10日　初版印刷
2024年4月20日　初版発行

著者　堀内恭隆
発行人　黒川精一
発行所　株式会社サンマーク出版
東京都新宿区北新宿2-21-1
電話 03-5348-7800

フォーマットデザイン　重原 隆
本文DTP　朝日メディアインターナショナル
印刷・製本　株式会社暁印刷

落丁・乱丁本はお取り替えいたします。
定価はカバーに表示してあります。

ISBN978-4-7631-6147-5　C0130

ホームページ　https://www.sunmark.co.jp